CRYPTOTRADING PRO

Fai trading per guadagnare con strategie, strumenti e tecniche di gestione del rischio testati nel tempo. Una guida contemporanea dal principiante al professionista

Alan T. Norman

Traduzione italiana Valeria Bragante

Ottieni il tuo Libro Bonus Gratuito sulle **Bitcoin Whales**

(Trovalo alla fine di questo libro)

Copyright 2018 © Tutti i diritti riservati.

Nessuna parte di questa pubblicazione può essere riprodotta, distribuita o trasmessa in qualsiasi forma o con qualsiasi mezzo, compresa la fotocopia, la registrazione, o altri metodi elettronici o meccanici, senza la previa autorizzazione scritta dell'editore, eccetto nel caso di brevi citazioni contenute in recensioni critiche e altri usi specifici non commerciali consentiti dalla legge sul copyright.

Prefazione **6**

Capitolo 1. .... **12**

Comprensione del mercato delle criptovalute e della psicologia del gioco **12**
    Comprensione del mercato delle criptovalute **19**
    Psicologia del gioco **23**
    Balene nel mondo delle criptovalute **27**
    Prospettive per lo sviluppo del mercato delle criptovalute ... **38**
    Compiti a casa **40**

Capitolo 2. Scegliere uno scambio e una piattaforma per l'analisi tecnica **41**
    I 10 Principali Scambi **56**
    Piattaforma di analisi tecnica online di Tradingview **61**
    Compiti a casa **68**

Capitolo 3. Sviluppare un algoritmo di trading **69**

Capitolo 4. Analisi tecnica **78**
    Che cos'è l'analisi tecnica? **78**

Capitolo 5. Supporto di disegno e livelli di resistenza **91**
    Linea di tendenza **97**
    Interruzione di linea tecnica **98**
    Accelerazione di una tendenza **100**
    Disegnare un canale **100**
    Compiti a casa **103**

Capitolo 6. Analisi grafica **104**
    Modelli di inversione **105**
    Modello Head and Shoulders **105**
    Head and Shoulders Inverso **108**
    Double Top **109**
    Double Bottom **110**
    Modelli di continuazione del trend **113**
    Flag **119**
    Pennant **121**

Cuneo 122
Compiti a casa 124

Capitolo 7. Analisi mediante computer 125
Indicatori di tendenza 127
Media Mobile (Moving Average) 127
Ichimoku Cloud 131
Indicatore Alligator 136
Oscillatori 139
Compiti a casa 155

Capitolo 8. Linee di Fibonacci 156
Ritracciamento del 50% 160
Ritracciamento del 38,2% 161
Ritracciamento del 78,6% 161
Compiti a casa 166

Capitolo 9. Candele giapponesi e loro combinazioni 167
Modelli a candlestick singolo 172
Modelli a doppio candlestick 176
Compiti a casa 184

Capitolo 10. Elliott Wave Theory (Teoria delle Onde di Elliot) o Wave Trading 185
Onde ad impulso 193
Onde correttive 197
Compatibilità delle onde Elliott con altri strumenti di previsione
.... 204
Compiti a casa 208

Capitolo 11. Trading su BREAKOUT di top locali e livelli importanti 209
Strategia Triple Taps 215
Compiti a casa 220

Capitolo 12. Applicazione combinata di tecniche di analisi tecnica 221
Compiti a casa 234

Capitolo 13. Sviluppare sistemi di trading 235
  I componenti principali per prendere una decisione di trading
  241
  Compiti a casa 246

Capitolo 14. Profondità del mercato o strategia di trading basata sulla profondità del mercato 247

Capitolo 15. Analisi fondamentale 252
  Indicatori fondamentali per l'analisi delle monete 259
  Pro e contro dell'analisi fondamentale 263
  Regolamentazione del mercato delle criptovalute: pro e contro
  266
  Compiti a casa 270

Capitolo 16. Gestione del rischio e del denaro 271
  Fattori che aumentano i rischi di trading 272
  Gestione finanziaria 275
  Come superare il drawdown 281

Capitolo 17. Diario del trader 284
  Come organizzare la tua giornata di lavoro 287

Capitolo 18 Psicologia del trading 289
  Quindi quali qualità dovrebbero possedere i trader per avere successo? 290
  Potere del pensiero e affermazioni 290

Conclusione 294

Glossario dei termini di criptovaluta 302

Riguardo l'autore 308

Libro Bonus Balene Bitcoin 309

Altri libri dello stesso autore: 310
  Un'ultima cosa... 313

PREFAZIONE

Nell'era della completa diffusione di Internet in ogni ambito della nostra vita, vi è una nuova generazione non è disposta a seguire la pista battuta dei nonni e dei bisnonni, che si sono laureati nelle università, hanno scelto un lavoro e lo hanno mantenuto fino al raggiungimento dell'età pensionabile. Inoltre, siamo stanchi delle scadenze costanti sul lavoro, dei capi con i loro umori eternamente mutevoli e, soprattutto, offensivi, della mancanza di carriera e crescita finanziaria.

Internet ha offerto alle persone l'opportunità di interrompere questo circolo vizioso. Le persone hanno un'alternativa che può fornire sia ricompense finanziarie sia libertà dal lavoro d'ufficio, dai dirigenti senior e dalle tempistiche aziendali.

Allora, qual è questa favolosa alternativa che ti dà la tanto desiderata libertà per gestire il tuo tempo e persino tutta la tua vita?

Molte persone sognano di non fare nulla (o quasi nulla) e di essere pagate per questo, no? E se ti dicessi che questo sogno è quasi diventato realtà?

In un modo o nell'altro, Internet ha fornito all'umanità una varietà di opzioni per guadagni passivi. Mentre sei seduto sul divano, puoi vendere qualcosa, tenere registri contabili per qualcuno, pubblicare post per il tuo blog o vivere grazie agli interessi dei tuoi investimenti. Pertanto, al giorno d'oggi, hai tutte le possibilità di avere un buon reddito in futuro investendo anche una piccola parte delle tue capacità, tempo e capitale in attività "passive", dove non ci sono uffici e capi!

In precedenza, le persone guadagnavano reddito passivo investendo in depositi bancari, cooperative di credito, vari fondi e immobili. Tuttavia, quei dividendi arrivavano lentamente o con molto lavoro.

Ora ci sono nuove "professioni" per ricevere entrate passive, incluso il trading. Non importa quanto possa sembrare difficile a prima vista, quasi tutti possono padroneggiare questa "scienza". Tuttavia, nell'ultimo decennio, centinaia di migliaia di operatori in tutto il mondo si sono dedicati a lavorare su una varietà di Borse, cercando di diventare milionari. Si siedono davanti ai computer 24 ore su 24, 7 giorni su 7, facendo irruzione negli scambi e cercando di aumentare il loro capitale. Sfortunatamente, non tutti ci riescono.

Con la criptovaluta rivelatasi diversi anni fa, una sottospecie completamente nuova di trader - cripto trader - è apparsa sul mercato. In generale, il trading di criptovaluta non differisce molto dal trading tipico Il principio di base è lo stesso: "Compra basso, vendi alto." Indipendentemente dal prodotto che hai - azioni, petrolio, oro o criptovaluta - questo principio rimane invariato.

Quindi, chi sono questi "misteriosi" trader di criptovalute e di cosa hai bisogno personalmente per padroneggiare questa professione? Per avere successo nel trading di criptovaluta e nel trading di altri asset, avrai bisogno di:

- Tempo libero.
- Capitale.
- Conoscenza di base di concetti economici.
- Desiderio di apprendere e provare costantemente nuove strategie.
- Stabilità mentale.

Sebbene il trading convenzionale e il trading di criptovaluta abbiano molto in comune, hanno ancora le loro differenze. Cerchiamo di capirle.

Se sei un trader ordinario (NON un trader di criptovaluta), allora sai con certezza che l'accesso ai tuoi scambi è possibile solo tramite un broker. Un broker fornisce software per l'interazione con lo scambio e fornisce supporto tecnico per tale lavoro. Questi servizi hanno un prezzo, ma non hai scelta poiché non puoi fare a meno di un broker in Borsa. Tuttavia, se fai trading di criptovaluta, hai accesso a qualsiasi scambio. Indipendentemente dalla tua età, stato sociale, professione o dimensione del capitale, puoi compilare un modulo di registrazione sul sito Web di uno scambio (è meglio farlo su più scambi), depositare fondi per il trading e iniziare il tuo percorso di trader di criptovaluta senza l'aiuto di intermediari.

Dovresti ricordare che il mercato delle criptovalute opera 24 ore su 24, 7 giorni su 7. Non si chiude né si apre in un determinato momento come i normali mercati azionari. Cioè, qualsiasi scambio di criptovaluta è "vivo" e funziona senza mai dormire e riposare.

Uno dei principali vantaggi e sfide del trading di criptovaluta è la volatilità[1]. Questo indicatore mostra l'intervallo di fluttuazioni del valore di un asset per un determinato periodo di tempo. Può essere definito un prerequisito per il trading poiché un trader trae profitto dalla differenza tra il prezzo di acquisto e il prezzo di vendita di un asset.

Tuttavia, tieni presente che la volatilità non è un valore costante. Dipende da molti fattori e non può essere prevista con precisione (a volte la volatilità viene persino creata artificialmente per aumentare il prezzo di una determinata valuta). I trader effettuano calcoli su dati storici, che si sono formati in difficili condizioni di mercato e che non si ripeteranno mai più. Pertanto, vale la pena considerare gli indicatori come un riferimento approssimativo.

Ma è la volatilità che rende la criptovaluta così attraente per il trading. I dati storici non si sono ancora accumulati (poiché la criptovaluta è apparsa solo pochi anni fa e il trading di criptovaluta professionale è ancora più giovane) e condizioni di mercato complesse si verificano proprio davanti ai tuoi occhi.

Qui voglio avvertirti che la volatilità può giocare positivamente nelle mani di un trader di successo, ma può anche giocare brutti scherzi ad un nuovo arrivato.

---

[1] In finanza, la volatilità (simbolo σ) è il grado di variazione nel tempo di una serie di prezzi di negoziazione misurata dalla deviazione standard dei rendimenti logaritmici.

Riassumiamo i principali pro e argomenti a favore del trading di criptovaluta:

- Accesso agli scambi senza il coinvolgimento dei broker.
- Gli scambi funzionano 24 ore su 24, 7 giorni su 7.
- Volatilità.

Penso che tu abbia capito che il trading di criptovaluta non è solo un'idea di reddito passivo alla moda che richiede la pressione dei pulsanti "start" e "stop". È una generazione costante di idee e nuove strategie che ti aiuteranno a guadagnare denaro.

Spero che questo libro costituisca una pietra miliare per il tuo successo nel trading di criptovalute. Per aiutarti a spremere il meglio da queste pagine, ho sviluppato dei compiti pratici che puoi trovare dopo ogni sezione del libro. Puoi farlo in qualsiasi momento a tuo piacimento, ma ti chiedo di non passare alla sezione successiva prima di completare l'attività per quella precedente.

Perché? Lo ripeterò (se non l'hai ancora capito): il trading non riguarda la teoria, si tratta di pratica. Pertanto, se sei troppo pigro per esercitarti su tutti gli strumenti di cui hai letto, dopo aver letto il libro, guarderai i diagrammi senza essere in grado di creare testa o croce. Questo, a sua volta, porterà immediatamente a decisioni commerciali errate e, quindi, a perdite finanziarie. Cosa tendono a fare le persone in questi casi? Esatto, cercare il colpevole. Fai i compiti a casa, impara le tue migliori pratiche e non cercare di incolparmi per le tue disgrazie se prendi decisioni sbagliate perché non hai fatto pratica.

Io non ho il ruolo di personal trainer, e non perseguo questo obiettivo. Non posso stare accanto al tuo letto, indicando il libro con il mio indice, esortandoti a fare i compiti. Sta a te decidere se farai i compiti, quindi i risultati dipendono anche da te.

Per riassumere, spero che i miei lettori siano futuri trader di successo; pertanto, sono pronti a studiare e lavorare molto oggi per guadagni futuri.

Quindi, non ritarderò l'inizio del tuo training, ma voglio farti notare che questo processo non dovrebbe essere unilaterale. Pertanto, se hai beneficiato del mio libro, ti sarò grato per il tuo sincero feedback su Amazon. Se hai qualche domanda o non trovi abbastanza spiegazioni in alcune sezioni, non esitare a inviarmi un'e-mail. Il mio assistente strutturerà tutte le domande e proverò a svelare maggiori dettagli nella prossima edizione.

Sei pronto per iniziare il tuo training? Andiamo!

PS Tutte le immagini del libro puoi vederle in alta qualità qui - bit.ly/pics-cpro.

CAPITOLO 1. COMPRENSIONE DEL MERCATO DELLE CRIPTOVALUTE E DELLA PSICOLOGIA DEL GIOCO

Per comprendere la natura del trading in generale e il trading di criptovaluta in particolare, dobbiamo immergerci in alcuni processi finanziari, di cui facciamo tutti parte.

Dal momento che tutti noi utilizziamo i servizi del settore bancario e non solo spendiamo o depositiamo i nostri meritati soldi in un conto, ma sognando un futuro sereno in età avanzata, trasferiamo una parte del reddito a fondi pensione e previdenza sociale noi diventiamo automaticamente partecipanti del sistema bancario e del mercato azionario. Paghiamo i contributi pensionistici per tutta la vita, ma pochi di noi pensano alla struttura stessa del settore finanziario e al modo in cui lo stato dispone della nostra pensione futura.

Sfortunatamente, il sistema finanziario di qualsiasi Paese è costruito in modo tale che noi non possediamo il nostro capitale. Il movimento circolare dei prestiti e dei contributi pensionistici rende il denaro in qualche modo virtuale poiché scivola costantemente tra le dita dello Stato, dei gestori di fondi e delle società private. Allo stesso tempo, le banche centrali di qualsiasi Stato esercitano il monopolio delle emissioni nei confronti della valuta e questa funzione viene loro assegnata dallo Stato stesso. Teoricamente, la valuta è garantita con beni o prodotti fabbricati nel territorio di un Paese. Ecco come si forma il suo PIL. Allo stesso tempo, le banche centrali si impegnano a mantenere l'affidabilità e la stabilità della valuta nazionale.

Sembra che tutto sia chiaro e buono, ma il problema è che è solo un'immagine ideale. La realtà, purtroppo, è leggermente diversa. Lo Stato e le banche centrali non adempiono ai loro obblighi di assicurare la stabilità della valuta e il valore del denaro stesso scompare a causa dell'inflazione e del quantitative easing. "Come è scomparso? Non ne siamo stati informati!" puoi obiettare giustamente. Proverò ad avvalorare la mia affermazione.

Il valore del denaro, compresi i risparmi pensionistici e, quindi, la stabilità del nostro futuro, sembrava più ottimista prima del 1976. Fino a quel momento, il sistema pensionistico ha funzionato come segue: le persone hanno depositato denaro presso la Cassa Pensione, gli interessi sono stati maturati sui depositi e lo Stato ha usato quei fondi per effettuare pagamenti. Ma i cosiddetti Jamaica Accords [2] hanno in qualche modo cambiato il corso della storia.

---

[2] I Jamaica Accords erano una serie di accordi internazionali che ratificavano la fine del sistema monetario di Bretton Woods

Si decise di demonetizzare l'oro e l' oro si trasformò in un normale prodotto di scambio. Pertanto, tutti gli accordi approvati nel quadro dei Jamaica Accords hanno permesso al prezzo dell'oro di fluttuare rispetto al dollaro USA e alle altre valute. Era una specie di appello per molti Paesi a sbarazzarsi dell'oro. I Paesi non hanno ritardato la decisione in merito. Una serie di Paesi del mondo ha deciso di abbandonare questo prezioso metallo e di non legare la propria valuta nazionale alla riserva aurea del Paese.

Vi chiedo di concentrarvi su questo momento perché dal 1976 il sistema creditizio di ciascun Paese è aumentato centinaia di migliaia di volte!

I Jamaica Accords hanno trasformato il denaro in cifre. Il sistema ha iniziato a unificarsi dopo che l'oro è stato abbandonato, assumendo la forma di enormi conti bancari unificati che non sono stati sottoposti a backup o garantiti. Per quanto riguarda la Cassa Pensione, non è più una sorta di cassetta di sicurezza per i tuoi risparmi. È una specie di hedge fund[3] che raccoglie attività da te come investitore e le gestisce a sua discrezione. I nostri fondi pensione sono diventati parte del bilancio statale e hanno iniziato ad essere utilizzati per altre esigenze del governo. Ora la Cassa Pensione è una specie di conto bancario. Se analizzi il sistema pensionistico dei Paesi più sviluppati del mondo, scoprirai che i fondi pensione

---

[3] È un fondo di investimento che riunisce il capitale di soggetti accreditati o investitori istituzionali e investe in una varietà di attività, spesso con complesse tecniche di costruzione del portafoglio e di gestione del rischio. È amministrato da una società di gestione degli investimenti professionale e spesso strutturato come società in accomandita semplice, società a responsabilità limitata o veicolo simile.

sono spesi per altre esigenze sociali. Ecco perché i depositi pensionistici non esistono in un conto da qualche parte.

Nonostante tutti questi fattori, la classe media è rimasta la forza trainante del sistema pensionistico, che non è più supportato da nulla. La maggior parte delle persone non si preoccupa di come la Cassa Pensione disponga del denaro, quindi continua a reintegrare le sue riserve. Come le api in un alveare portano regolarmente il miele nel sistema, ma non riescono a usare questo miele.

Non ti ricorda una piramide? E non sto parlando delle piramidi in Egitto!

Vorrei ricordare che non solo il sistema pensionistico ma il sistema bancario nel suo insieme, ha i segni di questo schema molto piramidale. Tutti i partecipanti a questo sistema ricevono entrate solo a spese dell'afflusso di "nuovo sangue", cioè della ricezione di nuovi investimenti da parte di nuovi partecipanti.

A proposito, abbiamo discusso della crisi del sistema finanziario, ma va notato che anche il trading ha vissuto il suo periodo cardine. Non è associato ai Jamaica Accords nel 1976, ma alla crisi finanziaria globale del 2008. La crisi, così come la disponibilità di sistemi mobili e la prevalenza del trading stesso, hanno impedito agli operatori professionali di guadagnare somme esorbitanti di denaro.

È interessante notare che la crisi e la rivoluzione nel commercio sono state organizzate dalle maggiori banche di investimento del mondo. Cercando di ingannarsi a vicenda, hanno giocato un gioco disonesto, inventando vari derivati (cambiali, obbligazioni, ecc.). Tali prodotti, inventati dalle banche, hanno iniziato a confondere la situazione del mercato. La prima ondata di caduta ha colpito il mercato nel 1998, ma poi la situazione è stata sanata. Tuttavia, nel 2008, anche la reputazione di un trader, che porta enormi somme di denaro all'intero sistema, non ha potuto impedire il crollo del mercato e l'inizio di una crisi economica globale.

Pertanto, credo che tutte le banche di investimento si siano screditate come istituzioni professionali di cui ci si può fidare per gestire le finanze. Tale situazione si è conclusa con veri e propri trader professionisti che si sono trasferiti in hedge funds.

Credo che sia giunto il momento di tracciare il primo parallelo tra denaro convenzionale (fiat) e criptovaluta. Come ricordiamo, le decisioni prese nell'ambito dei Jamaica Accords hanno fatto diminuire significativamente il valore del denaro, poiché l'intero ciclo valutario ha iniziato a basarsi solo sulla base di debiti. Al contrario, il valore della criptovaluta continua a crescere. Inoltre, la criptovaluta non è soggetta all'inflazione, poiché la creazione di nuove monete proviene da un algoritmo prevedibile, non da una banca centrale.

Pertanto, se riflettiamo sulla questione delle pensioni nel contesto delle informazioni sopra menzionate, possiamo trarre le seguenti conclusioni:

- Devi "riparare le tue vele mentre il tempo è bello", cioè pensare ad un reddito decente in età avanzata proprio ora.
- Devi cercare un'alternativa alla pensione.

Il trading potrebbe essere una di queste alternative alla pensione. Tuttavia, la stragrande maggioranza delle persone elude questa opzione di guadagno, perché ritiene che questo tipo di attività richieda essere un genio finanziario e avere un talento innato per il trading. Le persone si riempiono la testa di definizioni come "modello", "analisi", "modellistica tecnica", "configurazioni di candlesticks (grafico a candele giapponesi)" e, quindi, scelgono altre opzioni di guadagno più semplici, o perlomeno pensano sia così.

Ma voglio tirarti su di morale: essere a stretto contatto con tutti i concetti sopra menzionati è un mito. Per avere successo nel trading, devi padroneggiare i concetti di base del trading e i principi al lavoro sugli scambi. Devi solo capire le principali dinamiche del mercato: chi vende e come e chi acquista e come. Non c'è bisogno di reinventare la ruota. Tutto il necessario è già noto.

Pertanto, intraprendere la "professione" di trader richiede padroneggiare i principi di base del mercato, scoprire come analizzare (cioè valutare la situazione attuale) e, di conseguenza, prendere decisioni commerciali.

Allo stesso tempo, voglio dissipare le speranze di quei nuovi arrivati che hanno già preparato i loro portafogli per super profitti ma dedicheranno un paio d'ore alla settimana a questo argomento. Per avere successo, il che significa ottenere un buon reddito, dovrai aggiornarti costantemente, rimanere al passo con i nuovi metodi, seguire i trader esperti, leggere le notizie di mercato, ecc. Pertanto, il freeloading non funzionerà qui, amici!

Allo stesso tempo, i trader devono rimanere calmi e concentrati. Lascia che ti ricordi che il mercato delle criptovalute è molto volatile, ma nonostante ciò, i trader devono fare previsioni sul momento migliore per entrare e uscire dal mercato. E tutte queste operazioni rischiose devono essere ripetute ancora e ancora. Pertanto, l'equilibrio emotivo è uno dei migliori amici del trader. Torneremo alla psicologia di un trader di successo un altro paio di volte.

Ora analizziamo brevemente gli attori del mercato delle criptovalute. È necessario distinguere tra due tipi di trader: trader professionisti e retail trader (trader individuali). Il primo gruppo comprende coloro che hanno seguito una formazione speciale e ottenuto una certificazione. Di norma, tali persone lavorano in enormi società di investimento e speculano sul mercato con somme di denaro "ordinate". Un retail trader (trader individuale) svolge operazioni commerciali sul mercato senza una licenza speciale. Queste persone lavorano da sole e, di regola, gestiscono somme molto più ridotte.

Il rovescio della medaglia del lavoro degli operatori professionali è che non possiedono i fondi che gestiscono. Allo stesso tempo, i trader professionisti cercano di sopravvivere in una forte concorrenza. Al contrario, i retail trader possono prendere decisioni a loro discrezione.

Poiché ritengo che il mio dovere non sia solo quello di insegnare, ma anche di avvertire, voglio far notare che i retail trader devono sempre essere pronti a perdere il loro capitale in quanto nel mercato esiste una regola non detta chiamata "90.90.90", il che significa che il 90% dei trader perde il 90%

del proprio capitale nei primi 90 giorni di lavoro. Tutti questi fondi persi non si dissolvono. Rimangono nel mercato.

Comprensione del mercato delle criptovalute

Dopo aver affrontato tutte le insidie del sistema bancario e pensionistico, definiamo: CHE COS'È IL TRADING DI CRIPTOVALUTA? Ho tre risposte a questa domanda per te:

- È un'opportunità per iniziare a fare soldi investendo in una cripto valuta.
- È un'opportunità per fare fortuna in un breve periodo di tempo.
- È uno strumento redditizio con pochi rischi se scambiato correttamente.

I miei lettori, conoscendo la mia vasta esperienza in questo campo, spesso mi fanno anche le seguenti domande:

- Vale la pena investire ora in criptovaluta?
- Vale la pena fare trading nel complesso?
- Perché dovremmo analizzare la criptovaluta?
- Come posso investire senza avere esperienza?
- È meglio investire da soli o affidare il proprio denaro a professionisti?

Sono sicuro che tutte queste domande ti sono passate per la testa, ma iniziamo prima con i principi di base.

La criptovaluta[4] è un tipo di valuta digitale, la cui creazione e controllo si basano su metodi crittografici. Di norma, la

---

[4] Una criptovaluta (o cripto valuta) è una risorsa digitale progettata per funzionare come mezzo di scambio che utilizza una crittografia avanzata per proteggere le transazioni finanziarie, controllare la creazione di unità aggiuntive e verificare il trasferimento di attività. Le criptovalute sono una sorta di valuta alternativa e valuta digitale (di cui la valuta virtuale è un sottoinsieme).

criptovaluta utilizza un controllo decentralizzato, cioè non ci sono organismi di regolamentazione in questo campo. Il controllo decentralizzato di ogni criptovaluta funziona attraverso la tecnologia di contabilità distribuita, in genere una blockchain[5]. Le informazioni sulle transazioni di solito non sono crittografate e sono disponibili nel pubblico dominio. Per garantire la continuità della catena di blocchi di transazioni, vengono utilizzati gli elementi della crittografia (firma digitale basata su un sistema a chiave pubblica).

Ora lasciami rispondere alla domanda, perché la criptovaluta è così importante per me?

La criptovaluta è rimasta l'asset più redditizio negli ultimi anni, nonché l'unica risorsa che un investitore non professionista può utilizzare per aumentare il proprio capitale più volte. Non hai bisogno di conoscenze eccezionali, utili contatti sociali o enormi investimenti iniziali.

È una risorsa liberale e democratica che può aumentare esponenzialmente il tuo capitale. Questo è l'aspetto più attraente della criptovaluta per me. Penso che sarai d'accordo.

Ma la domanda più frequente è: come possiamo sfruttare le opportunità che la criptovaluta apre davanti a noi? Nel 2017, era un po' più facile sfruttare queste opportunità. Molte persone hanno ottenuto risultati enormi semplicemente investendo in monete diverse. Ma l'anno 2018 è iniziato con

---

[5] Una blockchain, originariamente catena di blocchi, è un elenco crescente di records, chiamati blocchi, che sono collegati mediante crittografia. Ogni blocco contiene un hash crittografico del blocco precedente, un timestamp e i dati di transazione (generalmente rappresentati come hash radice dell'albero di merkle).

la forte caduta della criptovaluta. Le persone hanno iniziato a cercare altri modi per beneficiare della criptovaluta. Il trading è uno di questi.

Da un lato, i suoi vantaggi sono l'indipendenza dal mercato e l'elevata redditività. Ad esempio, molte società di trading hanno mostrato affascinanti risultati finanziari entro la fine del 2017. Ma non sperare che il percorso di trading sia facile (come potrebbe sembrare a qualcuno), inoltre non è veloce. Pertanto, è necessario comprendere che esiste un numero enorme di carenze e rischi nel trading. E il rischio maggiore per un investitore inesperto è che il risultato del trading dipenda da un'analisi qualitativa della situazione del mercato e degli assets da acquistare. È difficile per un principiante. Sebbene nel 2017 il mercato potesse ancora essere analizzato, ora è quasi completamente manipolativo.

Alcuni di voi potrebbero chiedersi perché l'analisi è così importante nel trading di criptovaluta. L'analisi della criptovaluta è necessaria per prevedere il comportamento di un prezzo in valuta sul mercato. È l'analisi qualitativa che aumenta la probabilità di prevedere l'esito corretto della transazione. Se indovinassi che il Bitcoin salirà o scenderà, diciamo nei prossimi due giorni, lanciando una moneta, indovineresti il risultato giusto solo nel 50% dei casi. È impossibile fare una fortuna in questo modo. L'analisi è necessaria per migliorare la qualità delle nostre ipotesi.

Cosa vogliamo indovinare?

- Entry point.
- Take profit.

- Stop loss (un limitatore di perdite che consente di ridurre al minimo le perdite e chiudere la posizione in caso di problemi).

Ora discutiamone in modo più dettagliato.

Che cos'è un entry point? È un prezzo di criptovaluta a cui apriamo una posizione. È a questo punto che ci sono delle possibilità che il prezzo si sposti nella direzione prevista.

Take profit è il prezzo al quale chiudiamo la posizione con un profitto. Se tutto procede secondo i piani, siamo pronti a dire "Basta" a questo punto.

Stop loss è il livello di "taglio" delle perdite, è il prezzo al quale liquideremo la posizione in perdita in caso di una variazione sfavorevole del prezzo. Ad esempio, prevediamo che un prezzo salirà da 100 a 200, ma sale a 105 e poi scende. Per evitare tali situazioni, stabiliamo un prezzo al quale vogliamo liquidare la posizione se le nostre previsioni sembrano essere sbagliate.

Per "indovinare" correttamente più spesso, applichiamo tre tipi di analisi:

- Fondamentale.
- Tecnica.
- Informatica.

Tuttavia, i tipi di analisi sono un anello di una catena. È necessario comprendere i principi di base del funzionamento del mercato. Dopotutto, se non hai idea del meccanismo interno di un'auto, non imparerai a guidare correttamente.

Pertanto, per comprendere il mercato delle criptovalute, devi sapere:

- Principi del monitoraggio del mercato delle cripto valute.
- L'emergere del mercato delle criptovalute, ragioni del suo successo.
- Previsioni e prospettive di sviluppo.
- Servizi e siti per i trader.
- Scambi per il trading.
- Algoritmo di trading completo.

Tratteremo tutti questi argomenti in questo libro.

Psicologia del gioco

Sono pronto a lanciarti di nuovo una palla curva (qui immagina una grande risata come nei film horror:)

Quindi, se pensi che dopo aver studiato il mercato, i principi dell'analisi fondamentale e tecnica diventerai un trader di successo, ti deluderò: non è abbastanza.

Hai dimenticato un aspetto molto importante. Per avere successo nel trading, devi anche capire la psicologia del gioco nel mercato delle criptovalute. Inoltre, è necessario distinguere tra la psicologia del gioco della folla e la psicologia del gioco dei partecipanti al mercato con grande capitale.

Quando si lavora in mercati speculativi di massa, un trader individuale deve affrontare i seguenti rischi:

- Le decisioni della folla vengono prese a livello del suo membro più stupido. Quindi, le decisioni prese dalla folla non sono intelligenti.
- Le voci spesso controllano la folla e le voci tendono a non essere giustificate.
- Una persona tende ad essere influenzata dalla folla e prende decisioni collettive e non individuali.

Pertanto, per evitare tali rischi, è necessario imparare a differenziare le singole transazioni individuali dalle transazioni effettuate seguendo l'esempio della folla. Devi cercare di diventare una specie di psicologo e sentire il momento in cui le tue emozioni potrebbero danneggiare il trading.

Di quali emozioni sto parlando?

La prima emozione è l'avidità.

L'avidità di solito segue un senso di euforia. È una conseguenza di una certa esperienza. Diciamo, hai un ottimo interesse per il tuo deposito per la prima volta, quindi ti fai prendere dalla passione. Successivamente fai un'altra scommessa e sei di nuovo fortunato. Dopodiché, credimi, non ascolterai nessuno. Tratterai qualsiasi buona idea nel tuo ambiente sulla necessità di fermare un delirio assoluto. E perché? Perché hai iniziato a sentirti avaro!

E come si manifesta l'avidità nel mercato delle criptovalute? Molti trader sperano di acquistare valuta al prezzo più basso e di vendere al massimo, ovvero non cercano un punto per bloccare i loro profitti ma tengono una moneta, sperando che il suo prezzo cresca all'infinito.

Suggerimento: se hai l'opportunità di chiudere un affare e ottenere un beneficio ora, è meglio farlo piuttosto che sperare nella fortuna e continuare ad aspettare.

La seconda emozione è speranza e aspettativa.

Dopo essere caduto in una trappola di avidità, inizi a sentire speranza e aspettativa.

In particolare, quelle persone che sono venute sul mercato con la certezza che qui guadagneranno milioni di dollari sperano che le cose funzionino a lungo termine con poco sforzo. Sfortunatamente, non è così semplice come sembra a prima vista. Per fare soldi qui, dovrai farti un mazzo così.

Quando speranza e aspettativa compaiono nel mercato delle criptovalute? Quando speri senza alcun motivo e attendi un ribasso dei prezzi.

Suggerimento: è necessario capire perché il prezzo dovrebbe invertirsi (utilizzando tutti i tipi di analisi), piuttosto che sperare e attendere.

La terza emozione è la paura.

Nella maggior parte dei casi, questa emozione nasce dall'ignoranza o dall'incomprensione di ciò che dovrebbe essere previsto. Ad esempio, hai paura del buio, ma a dire la verità, hai paura di non sapere cosa potrebbe nascondersi nel buio. Pertanto, la paura sorge quando non si hanno risposte a determinate domande.

Quando appare la paura nel mercato delle criptovalute? Appare quando il prezzo della valuta inizia a scendere. E più basso è il prezzo, maggiore è la paura che senti.

Cosa fanno i trader quando vengono colti dalla paura? Alcuni continuano a fare nuovi acquisti, usando la strategia del moving average (media mobile), mentre altri chiudono le posizioni dopo il primo calo. Tuttavia, esiste una terza categoria di persone: non fanno altro che guardare estasiati il grafico.

Suggerimento: *non c'è niente di peggio che guardare il prezzo in calo. Se inizi a provare paura in un determinato momento del trading e fai mosse non pianificate, determina la causa della paura e tagliala.*

Per aprire e chiudere tutte le posizioni "nei tempi previsti", assicurati di tenere il **diario di un trader**. Se ritieni che sia facile ricordare tutte le transazioni e non hai bisogno di un diario del trader, stai scegliendo un approccio tutt'altro che professionale al trading che ti porterà ad errori ripetuti.

Pertanto, quando fai trading, devi disattivare le tue emozioni in quanto avranno un impatto sul tuo grafico (analisi tecnica) in un modo o nell'altro. Pensa non solo come analista ma anche come psicologo. Individua le emozioni nelle fasi iniziali e interrompile in tempo.

Per comprendere la psicologia del mercato, dovrai anche studiare alcune delle sue **leggi**, un certo elenco di regole rivelate sul mercato.

La legge del caso. Non si sa mai cosa può succedere nel momento successivo, quindi sii sempre pronto a tutto, sia a grandi ritorni che a perdite. Pertanto, tieni conto di possibili incidenti durante i calcoli del mercato.

Legge di Sod. Puoi fare calcoli e previsioni perfetti e ricevere una conferma apparentemente al 100%, ma qualcuno cambia le regole del gioco quando fai un affare. Non dimenticare mai una tale probabilità. Sii pronto a cambiare le regole del gioco.

Legge dell'ottimismo. Le persone sono inclini ad esagerare le possibilità di vincere. Questa esagerazione può spingerti a fare affari sui prezzi più impensabili e sui primi prezzi offerti. A volte il tuo peggior nemico è te stesso!

La legge di causa ed effetto. Se osservi qualche movimento, prova a trovare il motivo che l'ha causato. Consiglio vivamente di non fare affari senza capire cosa fa muovere il prezzo in una direzione o nell'altra. Non c'è movimento senza motivo.

Balene nel mondo delle criptovalute

Probabilmente hai sentito che il mercato delle criptovalute è "abitato" da criceti, balene e molte altre specie di animali.

Questo può sembrare ridicolo, ma è vero. Immagina che il mercato delle criptovalute sia l'oceano. Di conseguenza, i soliti trader sono piccoli pesci al suo interno, i pumping groups sono squali e i maggiori asset owners sono le balene. Si ritiene che le balene controllino il mercato delle criptovalute e siano in grado di farlo collassare in qualsiasi momento. Ma è così, e gli investitori ordinari (come noi) possono beneficiare delle azioni delle balene? Vediamo!

Chi sono le balene nel mercato delle criptovalute?

Le balene sono grandi giocatori che possiedono enormi quantità di criptovaluta e possono gestire il mercato acquistando e vendendo asset.

Tali balene operano anche nel normale mercato azionario, ma hanno molte più opportunità nel mercato delle criptovalute:

- La capitalizzazione di mercato delle criptovalute (circa $ 300 miliardi) è molto più piccola, quindi è molto più facile accumulare un gran numero di monete nelle tue mani piuttosto che cercare di diventare una balena in un mercato convenzionale (con una capitalizzazione di $ 65 trilioni).
- Le balene possono gestire ingenti somme senza subire alcuna pressione da parte delle banche e dei regolatori finanziari, in quanto non esiste una regolamentazione su larga scala nonostante la realtà del rafforzamento del controllo statale sulla cripto valuta.

- Il mercato delle criptovalute è ancora molto giovane e opera secondo le leggi non tipiche del mercato tradizionale. Il prezzo di una criptovaluta è determinato dalla domanda e grandi possessori di asset possono manipolarlo.

La caratteristica principale delle balene è che possiedono grandi quantità di criptovaluta e il loro obiettivo principale è quello di gestire il prezzo di questa criptovaluta per il proprio vantaggio. A tal fine, una moneta dovrebbe essere molto popolare e richiesta.

Ogni giorno, migliaia di piccoli pesci (investitori ordinari) versano i loro soldi nell'oceano comune, mentre le balene ne traggono beneficio. Ecco perché il mercato dei Bitcoin è di particolare interesse per tali balene.

Vediamo ora quali tipi di balene vivono nel mercato delle criptovalute:

- I primi ad adottare Bitcoin, che furono i primi a estrarre o acquistare enormi quantità di monete e ora hanno migliaia o addirittura decine di migliaia di Bitcoin sui loro conti.
- Investitori ricchi, che sono riusciti a comprare grandi quantità di Bitcoin nei primi giorni di popolarità.
- Grandi investimenti e hedge funds.
- Grandi aziende che possono acquistare o estrarre un gran numero di monete a proprio vantaggio (ad esempio, scambi di criptovaluta o produttori di attrezzature minerarie).

Secondo gli ultimi dati, al momento della scrittura, circa l'80% di tutti i Bitcoin estratti apparteneva a 110 persone. Sono le balene che hanno reali leve di influenza sul prezzo di mercato del Bitcoin.

Ecco un piccolo elenco delle balene Bitcoin più famose:

- Roger Ver (150.000 BTC).
- Binance exchange (160.000 BTC).
- Bitfinex exchange (190.000 BTC).
- Bitmain company (350.000 BTC).
- Gemelli Winklevoss (450.000 BTC).
- Il creatore di Bitcoin Satoshi Nakamoto (si dice che possieda un milione di monete).

Se pensi che solo i Bitcoin siano concentrati nelle mani di uno stretto cerchio di balene, ti sbagli. Lo stesso vale per altri tipi di criptovaluta. Ad esempio, il 40% di tutte le monete Ethereum si trova nei primi 100 crypto wallets (portafogli crittografici) di questa moneta. Con criptovalute Qtum, Gnosis e Storj, questa cifra raggiunge il 90%.

Le balene bitcoin sono le più influenti sul mercato perché il bitcoin ha la più alta capitalizzazione e valore di mercato di qualsiasi moneta.

Nonostante tutti questi fatti, sento quasi quotidianamente le esclamazioni degli scettici che non esistono balene e un piccolo gruppo di persone non può gestire il prezzo della criptovaluta. Ma i fatti rimangono fatti e parlano da soli. Le persone con una colossale quantità di criptovaluta nei loro portafogli possono gestire l'intero mercato.

Quindi quali strategie usano le balene nel mercato delle criptovalute?

Metterò in evidenza diverse strategie utilizzate dalle balene nel mercato delle criptovalute.

Risciacqua e ripeti. Il trucco principale di questa strategia è ridurre il più possibile il prezzo di una particolare criptovaluta per poterlo acquistare al prezzo più basso un po' più tardi. Attuare questa strategia è come prendere caramelle da un bambino: la balena vende i suoi asset su vasta scala ad un prezzo inferiore a quello di mercato, e anche i piccoli pesci ordinari, spaventati da un crollo della criptovaluta, iniziano a vendere i loro asset. Di conseguenza, il prezzo della criptovaluta scende ancora più in basso, e quindi la balena acquista monete a questo prezzo decrescente. L'acquisto su larga scala fa di nuovo aumentare il prezzo e la balena ripete il suo ciclo.

Eccone un esempio. Una balena ha 10.000 BTC. Il prezzo attuale è di $ 6.000 e la balena ordina di vendere Bitcoin per $ 5.800. Supponiamo che "butti via" 6000 BTC sul mercato. Avendo notato questo, i trader ordinari decidono che il Bitcoin segue la tendenza al ribasso o crolla. Di conseguenza, iniziano a sbarazzarsi dei loro asset. Se diventa massiccio (questo è ciò che le balene stanno cercando di ottenere), il prezzo del Bitcoin potrebbe scendere a $ 5.000 o addirittura inferiore. In questo caso, la balena restituirà i suoi 6.000 BTC, che aveva precedentemente venduto, e acquisterà più monete ad un prezzo ridotto.

E ora contiamo. La balena ha venduto i suoi 6.000 BTC per $ 34 milioni. Se il prezzo crolla a $ 5.000, sarà in grado di acquistare 7.000 BTC con questo denaro. Cioè, il suo sporco profitto sarà di $ 5 milioni. Questo è solo un giro di "risciacquo", e la balena è interessata a "risciacquare" quante più monete possibili dai trader ordinari.

Spoofing. Lo scopo principale di una balena in questa strategia è far credere agli altri giocatori il crollo o la crescita di una particolare criptovaluta. Per fare questo, la balena non ha nemmeno bisogno di buttare via i propri asset sul mercato in quanto è sufficiente effettuare grandi ordini in Borsa e cancellarli prima che vengano eseguiti. Inoltre, questa strategia prevede sia ordini di acquisto che di vendita.

Nel primo caso, la balena effettua un ordine per acquistare una grande quantità di criptovaluta (ad esempio Bitcoin), aumentando così il muro di vendita. Altri trader lo vedono e iniziano a comprare Bitcoin in modo massiccio, aspettandosi un aumento dei prezzi. La balena attende che il prezzo raggiunga il suo picco, annulla l'ordine e vende parte dei suoi asset ad un prezzo sopravvalutato.

Nel secondo caso, la balena effettua un ordine per vendere una grande quantità di Bitcoin ad un prezzo inferiore al valore di mercato. I trader ordinari premono il pulsante di panico e scaricano i loro asset. La balena attende la riduzione del prezzo massimo, annulla il suo ordine e acquista Bitcoin.

Il punto principale di questa strategia è effettuare ordini che non possono essere eseguiti.

Ad esempio, se una balena vende 10.000 BTC a basso prezzo e il resto dei trader ha abbastanza soldi per acquistarli, la balena perderà semplicemente i suoi asset. Se i trader non riescono ad acquistare l'intero importo, il resto dei giocatori dovrà attendere fino a quando l'ordine non verrà eseguito o ridurre il prezzo di vendita. E questo sta giocando nelle mani della balena.

Gioco over-the-counter. Alcuni esperti ritengono che molte balene nel mercato delle criptovalute negozino asset nel mercato over-the-counter (OTC) cioè un mercato la cui negoziazione si svolge al di fuori dei circuiti borsistici ufficiali. È una specie di mercato nero in cui le balene possono acquistare un'enorme quantità di monete fuori dalla vista pubblica. Le negoziazioni non pubbliche vengono effettuate in gruppi chiusi, tramite i principali broker OTC o negli scambi che offrono i cosiddetti "tassi privati". I broker, che offrono ai loro clienti prezzi più bassi e lavorano solo con i più grandi giocatori, sono di particolare interesse per le balene.

Ad esempio, i noti broker over-the-counter Circle e Cumberland hanno limitato l'accesso ai nuovi entranti: $ 100.000 sono la commissione per entrare nella cerchia dei preferiti, $ 250.000 - per il trading di criptovaluta.

Lavorando attraverso tali broker, le balene possono comprare criptovaluta l'una dall'altra e persino coordinare le loro azioni. Dopo aver acquistato un gran numero di monete, vanno nelle Borse ordinarie e influenzano il prezzo della criptovaluta di cui hanno bisogno.

Può sembrare che le balene siano pumpers di alto livello. Tuttavia, non è così. I pumpers aumentano il prezzo di altcoin adatto a Pump & Dump[6]. Danno il via alla confusione nella comunità delle criptovalute, manipolano le notizie, raccolgono pump groups per acquistare monete e così via. Le balene, tuttavia, influenzano il mercato verso il prezzo preferenziale di un asset che detengono. Agiscono anche insieme spesso e l'obiettivo principale della maggior parte delle balene è il Bitcoin. Altcoin poco conosciuti non sono di loro interesse.

In che modo le balene influenzano il mercato delle criptovalute?
Molti investitori credono che le balene abbiano un impatto negativo sul mercato delle criptovalute, privando i piccoli giocatori dei loro profitti. Inoltre, la comunità delle criptovalute ha discusso a lungo delle teorie del complotto secondo le quali le balene vogliono o far crollare l'intero mercato o assicurarsi il proprio controllo totale su di esso. Proviamo a rispondere a questa domanda analizzando gli argomenti dei teorici della cospirazione.

---

[6] "**Pump and dump(P&D)** è una forma di frode sulle securities che comporta il gonfiare artificialmente il prezzo di un titolo attraverso dichiarazioni positive false e fuorvianti, al fine di vendere le azioni acquistate a basso costo a un prezzo più elevato. Una volta che gli operatori di questo schema "svendono" i loro token sopravvalutati, il prezzo diminuisce e gli investitori perdono i loro soldi. Questo è più comune con le criptovalute small cap e le società molto piccole.

Ad esempio, ecco una teoria: le balene si riforniscono di Bitcoin per controllare il mercato dopo la fine dell'era Bitcoin Mining (Generazione di Bitcoin). Secondo i calcoli, tutti i Bitcoin saranno generati entro 5-6 anni e gli sviluppatori dovranno trasferire la rete al PoS (Proof of Stake) mining[7], il che significa che i più grandi possessori di monete - le balene - trarranno il massimo beneficio dai premi PoS. Oggi molte persone sostengono che il *crollo dei Bitcoin, iniziato nell'inverno del 2018, sia stato innescato dalle balene*. Si stanno già preparando per il PoS mining e stanno facendo tutto il possibile per acquistare quante più monete possibile. Tuttavia, a causa del crollo del prezzo del Bitcoin, è rimasto un numero enorme di utenti, mentre molti potenziali investitori non l'hanno inserito, in attesa del prossimo crollo. I bitcoin hanno iniziato a seguire una tendenza al ribasso, e questo ha influenzato non solo la tasca del trader ordinario.

In effetti, le balene hanno bisogno che la criptovaluta sia popolare e richiesta con il maggior numero possibile di giocatori. Dopotutto, quando gli asset delle balene diminuiscono di prezzo, anche i loro portafogli diventano più economici. A lungo termine, non è redditizio per loro far crollare la criptovaluta.

Tuttavia, ci sono altre opinioni sulle balene nel mercato delle criptovalute. Alcuni dicono che non sono un fenomeno

---

[7] **Proof of stake** (PoS)è un tipo di algoritmo mediante il quale una rete blockchain di criptovaluta mira a raggiungere un consenso distribuito. Nelle criptovalute basate su PoS, il creatore del blocco successivo viene scelto tramite varie combinazioni di selezione casuale e ricchezza o età (*cioè* la puntata).

negativo. Tali giocatori esistono in qualsiasi mercato. Stabiliscono sempre il vettore dello sviluppo e si uniscono per guidare il mercato. Pertanto, le balene, in una certa misura, esercitano persino un'influenza positiva sul mercato. Dopotutto, mentre sono interessati alla criptovaluta in loro possesso, sono anche interessati a prevenire il collasso.

Inoltre, molte balene (incluso Nakamoto) non usano nemmeno i loro asset per abbassare o aumentare il prezzo della criptovaluta. Mantengono le monete nei loro portafogli, mantenendo un equilibrio nel mercato.

Va detto che anche quelle balene che giocano con i muri di vendita e sciacquano Bitcoin possono essere utili per un normale investitore. Per usarli a tuo vantaggio, devi catturare l'onda che hanno creato.

Come può un normale investitore trarre profitto dalle azioni delle balene?

Sì, hai capito bene. Puoi beneficiare delle balene. È un'onda creata da una balena che rappresenta un'opportunità ideale per entrare nel mercato. Ad esempio, quando una balena si abbatte e invia ordini per vendere enormi quantità di criptovaluta a un prezzo inferiore al mercato, il prezzo scende naturalmente. La maggior parte dei trader inizia a vendere i propri asset, ma sarebbe molto più intelligente iniziare a comprarli come fa una balena. Quando una balena aumenta il muro di acquisto e altri trader iniziano ad acquistare criptovaluta, aumentando il prezzo, è giunto il momento di vendere i tuoi asset.

Qui, la sfumatura più importante è quella di essere in grado di notare la tendenza di una balena nel tempo. Ci sono due modi per farlo:

- Monitorare il movimento dei fondi (in particolare Bitcoin) sui più grandi portafogli di criptovaluta. Puoi farlo su www.bitinfocharts.com. Un grosso trasferimento dal portafoglio indica che una balena sta lanciando i suoi asset sul mercato, il che significa che dobbiamo aspettare le variazioni di prezzo. Se il prezzo cade bruscamente, ha senso acquistare rapidamente la criptovaluta, se sale improvvisamente, devi vendere. Il segnale più chiaro è quando i trasferimenti vengono effettuati da diversi portafogli superiori.
- Seguire il portafoglio ordini sugli scambi di criptovaluta di alto livello. Il posizionamento di ordini per acquistare o vendere enormi quantità di criptovaluta è principalmente legato ai giochi di balene. Se vedi un muro di acquisto sopravvalutato, non correre a comprare monete. È meglio aspettare il picco e vendere i tuoi asset ad un prezzo vantaggioso. Se una balena mantiene una parvenza di collasso (sopravvalutando il muro di vendita), attendi una grave recessione e acquista monete. Dopotutto, presto una balena li acquisterà a buon mercato e aumenterà il prezzo.

Ti darò un consiglio: se sei un trader inesperto, non seguire le tendenze delle balene. Per giocare come loro, devi pensare come loro. Dovresti essere in grado di determinare i muri di acquisto e vendita sopravvalutati, analizzare la situazione generale del mercato e valutare correttamente la situazione degli scambi. Se hai tali capacità, sarai in grado di generare profitti.

Prospettive per lo sviluppo del mercato delle criptovalute

Ti sei mai chiesto perché la criptovaluta sta diventando sempre più popolare? È in gran parte dovuto al fatto che il potere d'acquisto del fiat money (moneta cartacea inconvertibile) continua a diminuire. Questo processo è guidato da due fattori principali:

- Un numero crescente di persone viene a conoscenza dei Bitcoin e giunge alla conclusione che è la valuta più promettente.
- La liquidità cresce. L'acquisto di Bitcoin oggi richiede molto meno denaro e sforzi rispetto a un anno fa.

Secondo me, questi fattori possono persino provocare l'iperbitcoinizzazione.

L'iperbitcoinizzazione può verificarsi se i governi del mondo decidono di stringere le viti nel mercato delle criptovalute e tentano di controllare il capitale. Il Bitcoin avrà la possibilità di diventare la valuta n. 1. Dopotutto, non ha confini e non dipende dal patriottismo o dall'etnia di una persona. Sebbene l'uso di Bitcoin non si basi su proprietà fisiche, come oro e argento, ma su proprietà matematiche, ha tutte le caratteristiche del denaro (durabilità, mobilità, divisibilità) e può svolgere pienamente le sue funzioni (mezzi di accumulo, pagamento, ecc.). Il prezzo reale per il Bitcoin è determinato dall'equilibrio tra la domanda delle persone che ne hanno bisogno e l'offerta delle persone che lo possiedono.

Per concludere questa sezione, voglio dire quanto segue: se la tua decisione di padroneggiare il trading di criptovaluta è ferma e irreversibile, allora non ti consiglio di cercare l'aiuto di professionisti. Ognuno di loro, ovviamente, può promettere di spiegare strategie di trading semplici ed efficaci. Tuttavia, si deve capire che un professionista non dimostrerà i propri metodi di analisi o i propri grafici né rivelerà segreti personali ad un estraneo. Pertanto, il percorso di un retail trader per tentativi ed errori è molto più breve e più redditizio. Hai già completato il primo step quando hai acquistato il mio libro. ☺

Compiti a casa

Scegli 5 criptovalute che desideri scambiare, studiale e annota le loro caratteristiche:

- Capitalizzazione.
- Scambi su cui sono scambiate.
- Volume delle transazioni.
- Soluzioni tecnologiche di una moneta.
- Account Twitter dei creatori di monete.
- Posizione della sede centrale.

CAPITOLO 2. SCEGLIERE UNO SCAMBIO E UNA PIATTAFORMA PER L'ANALISI TECNICA

Dopo una visione di base delle viscere del mercato delle criptovalute e della psicologia del gioco dei suoi partecipanti, il prossimo step nel percorso del tuo riavvicinamento al trading sarà la registrazione su uno scambio. Lo scambio è il re nel trading. Ci fidiamo dei nostri soldi. Lo visitiamo giorno e notte per verificare la profondità del mercato e l'esecuzione degli ordini, ecc.

Non lasciarti intimidire dall' importanza di scegliere uno scambio perfetto. Ti avverto: non esiste. Ogni scambio attualmente operante nel mercato delle criptovalute ha i suoi pro e contro. Quindi, non cercare quello ideale, cerca quello che soddisferà le tue esigenze: semplicità e interfaccia user-friendly, un gran numero di coppie di trading, supporto tecnico rapido e così via. Ti darò due suggerimenti:

- Scegli tra i 10 migliori scambi.

- Registra gli account in almeno due scambi per diversificare i tuoi rischi.

È abbastanza facile registrarsi in uno scambio. Tuttavia, lascia che ti accompagni attraverso tutte le fasi della registrazione e del deposito di fondi in uno degli scambi. Questo processo è quasi identico per tutti gli scambi, quindi puoi ripetere azioni simili su qualsiasi altro scambio.

Prendiamo ad esempio lo scambio di Binance (www.binance.com).

Se vuoi solo seguire la situazione del mercato su Binance, non devi registrarti. Tuttavia, se intendi effettuare transazioni, è necessario creare un account ed eseguire una serie di semplici azioni.

Vai al sito ufficiale www.binance.com, seleziona la lingua dell'interfaccia e fai clic su "Registrati".

Al momento della registrazione, utilizza una password univoca sicura.

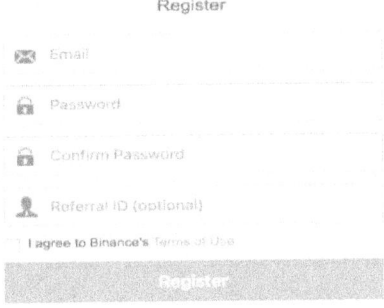

Dopo aver inserito i dati, seleziona la casella che indica che si accettano i termini di utilizzo e procedi al passaggio successivo. Dovrai trascinare il cursore per inserire un pezzo del puzzle.

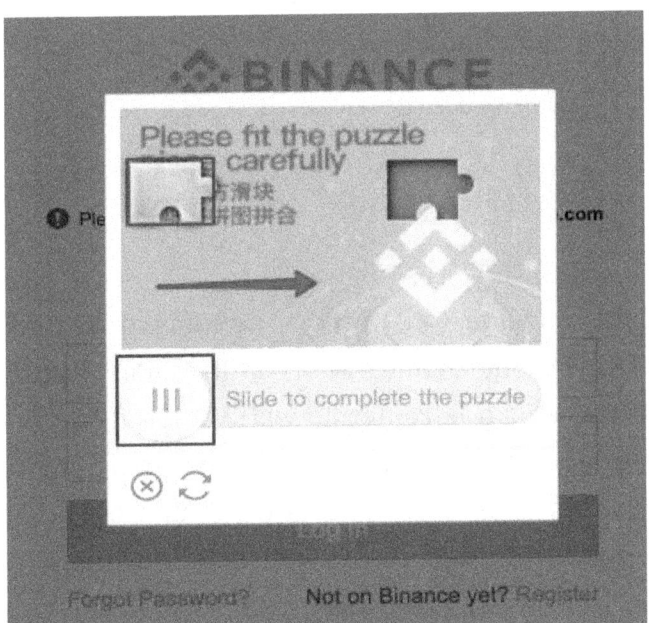

Successivamente, apri l'e-mail di verifica e fai clic sul link. Ora puoi accedere all'account Binance usando la tua email e password.

La tua registrazione è quasi completa. Ma! Ti raccomando di abilitare anche l'autenticazione a due fattori.

Quindi, la prima volta che inizi, devi confermare di avere familiarità con i consigli di sicurezza. Devi solo selezionare ogni casella per attivare il pulsante "Capisco, continua".

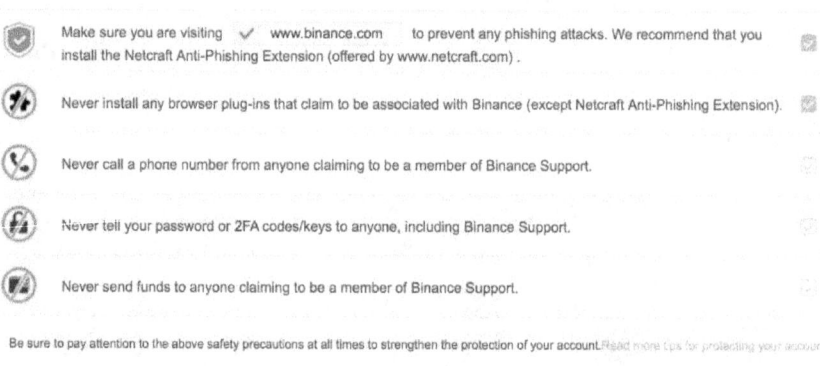

Successivamente, ti verrà raccomandato di abilitare l'autenticazione a due fattori utilizzando la chiave Google Authenticator o le conferme via SMS. L'autenticazione a due fattori è un modo semplice ed efficace per impedire l'accesso non autorizzato. Puoi rimandare questa procedura premendo "Salta per ora", ma ti consiglio di abilitarla immediatamente.

We strongly recommend you to enable 2FA on your account !
Please choose how you wish to receive 2FA code:

 Google Authentication    SMS Authentication

I understand the risks for not enabling 2FA

Puoi usare il tuo account per:

- Cambiare la password per entrare nello scambio.
- Abilitare l'autenticazione a due fattori e completare la verifica.
- Ottieni la chiave API per l'automazione del trading con l'aiuto di robot.
- Visualizza la cronologia delle transazioni e l'elenco degli indirizzi IP recenti utilizzati per accedere allo scambio.

Si prega di notare che non è richiesta alcuna verifica per la negoziazione in Borsa o il deposito e il prelievo di denaro. Tuttavia, sarai in grado di aumentare il limite di prelievo da 2 BTC a 100 BTC al giorno solo dopo aver abilitato l'autenticazione a due fattori e la verifica dei dati utente (è necessario compilare il modulo: nome, indirizzo, ecc., anche come allegare scansioni di un passaporto e una foto di te in possesso del passaporto).

La conferma e la verifica via SMS sono quanto più semplici e intuitive possibili, quindi non le spiegherò in dettaglio.

Successivamente, vorrai depositare fondi sul tuo conto nello scambio. Il deposito è possibile solo con la criptovaluta: non puoi inserire o prelevare denaro fiat, come in molti altri grandi scambi. Per questo motivo, la verifica non è un prerequisito indispensabile per la negoziazione in Borsa. Nella fase di effettuare il primo deposito, otterrai un indirizzo di deposito per la criptovaluta selezionata. (1) Copialo per evitare errori durante la digitazione (2) o scansionalo con un telefono durante il deposito tramite un'app del cellulare (3). Il numero di conferme di rete necessarie per depositare la criptovaluta sul conto è indicato di seguito. (4) Ad esempio, per depositare BTC sono necessarie due conferme.

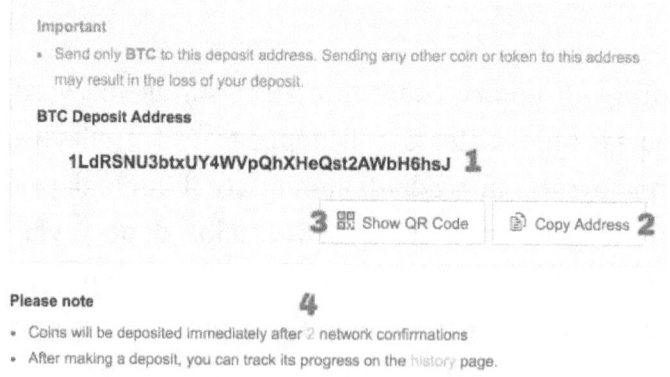

Fai attenzione: la criptovaluta scelta per il deposito nel conto di trading deve coincidere con quella che invii allo scambio. Il deposito di un tipo di criptovaluta nel portafoglio di un'altra criptovaluta può portare a perdite dei tuoi fondi. Per la prima volta, ti consiglio di utilizzare una piccola quantità per assicurarti che tutto funzioni bene!

Dopo aver registrato, depositato fondi sul tuo conto e aver acquisito familiarità con l'interfaccia di scambio, non esitare a iniziare a fare trading. Il processo di negoziazione in Borsa Binance è sostanzialmente lo stesso di altre Borse. Dopo aver compreso i principi sul lavoro con gli ordini su questo scambio, puoi scambiare su qualsiasi altro scambio.

Sono disponibili tre tipi di ordini per l'acquisto o la vendita di criptovaluta: Limit, Market e Stop-Limit. Tutti i tipi di ordini offrono la possibilità di impostare rapidamente la quantità di criptovaluta acquistata o venduta: il 25-100% di tutti gli asset disponibili per la coppia di criptovaluta selezionata. Ad esempio, se selezioni "25%" per "Ordine di acquisto" nella coppia AION/BTC, acquisterai AION per il 25% del BTC che hai. Se selezioni il 25% "per" Ordine di vendita ", venderai il 25% delle monete AION in magazzino.

I nuovi arrivati spesso non capiscono: perché abbiamo bisogno di due tipi di ordini limite? La risposta sta nei dettagli della loro esecuzione. Dopotutto, a causa delle specifiche della criptovaluta, non puoi impostare Take Profit (prezzo esatto al quale chiudere una posizione aperta per un profitto) o Stop Loss (progettato per **limitare** la **perdita di un investitore** su una posizione) con un ordine.

Tutti questi nuovi termini possono essere fonte di confusione per un principiante, quindi diamo un'occhiata a un semplice esempio.

Ordine di mercato

Per semplificare, iniziamo con un ordine di mercato, che è una richiesta di acquisto o vendita di un titolo al miglior prezzo disponibile nel mercato attuale. In questo caso, devi scegliere di acquistare o vendere, inserire la quantità di criptovaluta necessaria per l'esecuzione e fare clic sul pulsante "Acquista" o "Vendi". Dopo l'apertura di un ordine, il sistema tenterà automaticamente di eseguire un ordine al prezzo più favorevole per un trader. Diamo un'occhiata a come vengono eseguiti gli ordini ad un prezzo di mercato.

Limit	Market	Stop-Limit				Fee: 0.10% 0.075%
Buy AION		BTC Balance: 3.15157730		**Sell AION**		AION Balance: 0.00000000
Price:	market price		BTC	Price:	market price	BTC
Amount:	1000		AION	Amount:		AION
	25%	50%	75%	100%	25% 50% 75% 100%	
	Buy AION				**Sell AION**	

Ad esempio, abbiamo aperto un ordine per acquistare 1.000 unità di criptovaluta. Al momento in cui abbiamo aperto l'ordine di acquisto, qualcun altro aveva già effettuato un ordine per vendere criptovaluta al prezzo che ritenevamo accettabile per l'acquisto. Dal momento che è il prezzo più basso sul mercato, lo scambio acquisterà automaticamente tutti gli AION disponibili a quel prezzo per noi, fino a 1000 AION (il nostro ordine totale).

Ma se il volume dell'ordine al prezzo più basso è inferiore al nostro ordine, il sistema eseguirà l'ordine solo al prezzo n. 1 e il resto dell'ordine verrà eseguito al prezzo leggermente più alto n. 2 della prossima vendita ordine sul mercato. Questo secondo prezzo è leggermente peggiore per noi di quello iniziale.

Se il volume di questo ordine di vendita al prezzo n. 2 non è sufficiente per eseguire completamente il nostro ordine, il resto dell'ordine verrà eseguito al prezzo n. 3 dell'ordine di vendita nella profondità del mercato, che è ancora un po' peggio per noi rispetto al precedente. Questo si ripeterà fino a quando l'ordine non sarà completamente eseguito (es. 1000 AION).

Maggiore è il volume del nostro ordine, minore sarà il volume degli scambi per la coppia di valute selezionata e maggiore sarà la fluttuazione dei tassi, maggiore sarà la differenza tra il prezzo di esercizio finale e quello iniziale.

Cosa significa questo? Significa che un ordine di mercato dovrebbe essere usato quando la velocità dell'esecuzione dell'ordine è più importante del prezzo. Ad esempio, quando c'è una forte e significativa fluttuazione della frequenza e si ritiene che il movimento continui.

Ordine limite
E se c'è un'inversione di prezzo e vuoi vendere o acquistare una moneta al miglior prezzo e allo stesso tempo ridurre al minimo le perdite il più possibile? Gli ordini limite consentono di effettuare un'operazione di negoziazione con esecuzione al prezzo iniziale o anche al prezzo migliore di quanto indicato. Lasciami spiegare usando l'esempio.

Supponiamo che il prezzo attuale per una moneta AION sia 0.0003815 BTC. Prevediamo una correzione dei prezzi - calo con la successiva ripresa della crescita. Vogliamo acquistare 1.000 AION quando il prezzo scende a 0.0003500. Selezioniamo un ordine limite e immettiamo i dati per l'ordine: (1) il prezzo al quale acquisteremo (0.00035) e il numero di monete che vogliamo acquistare (1.000 AION). Il pannello di trading calcolerà automaticamente il numero necessario di Bitcoin sul conto - 0,35 BTC - per eseguire l'ordine (2). Se il mercato raggiunge il prezzo indicato e non ci sarà un importo sufficiente sul saldo, l'ordine non verrà eseguito.

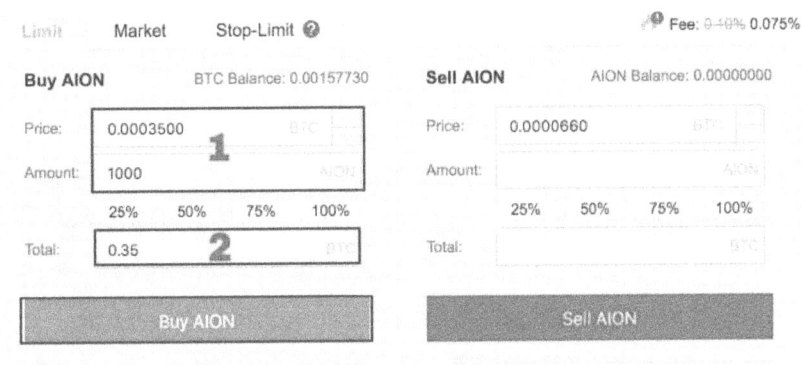

Che succede dopo?

Se il mercato non raggiunge il prezzo indicato, ad esempio, il prezzo si inverte a 0.0003550, l'ordine rimarrà inattivo e, successivamente, dovremo eliminarlo. Ma se il mercato raggiunge ancora il prezzo indicato, ci sono tre possibili scenari:

1) Il mercato raggiunge il prezzo e addirittura lo supera. Significa che c'è abbastanza volume per chiudere il nostro ordine. In questo caso, l'ordine viene riempito e riceviamo i 1.000 AION desiderati a 0.00035, o, forse, anche per il prezzo migliore. In questo caso, è possibile effettuare un ordine limite per vendere AION con profitto.

2) Il mercato raggiunge il prezzo, attiva il nostro ordine, ma il volume è troppo piccolo e il nostro ordine viene eseguito parzialmente. Successivamente, il prezzo si inverte e supera di molto 0,00035. Ciò significa che l'ordine rimane aperto; riceviamo solo una parte della quantità indicata nell'ordine ma per un prezzo non peggiore di quello che abbiamo indicato. Successivamente, dovremmo attendere la piena esecuzione dell'ordine o chiuderlo, contenti di ciò che abbiamo già acquistato.

3) Il mercato raggiunge il prezzo, lo supera, il nostro ordine è riempito. Tuttavia, invece del previsto aumento dei prezzi, continua a scendere e ad un certo punto diventa ovvio che abbiamo sbagliato. Di norma, ci rendiamo conto che è meglio vendere la criptovaluta acquistata con una piccola perdita piuttosto che attendere un grande prelievo quando è già troppo tardi per correggere qualcosa. Per evitare ciò, è necessario posizionare Stop Loss per ridurre al minimo le potenziali perdite.

L'esempio sopra mostra che dobbiamo limitare gli ordini per massimizzare i profitti. Tuttavia, tali ordini in sospeso possono causare perdite se le previsioni risultano errate. Una delle differenze tra il trading nel mercato delle criptovalute e il trading nei mercati finanziari classici è l'impossibilità di posizionare simultaneamente Take Profit e Stop Loss in un ordine. Pertanto, gli ordini di stop limit vengono in soccorso.

Stop Limit nella capacità di Take Profit

Gli ordini Stop-Limit funzionano in modo simile agli ordini limite convenzionali, ma con una condizione aggiuntiva. Effettuando un ordine Stop-Limit in sospeso, un trader specifica un prezzo di stop aggiuntivo, che il prezzo di mercato dovrebbe colpire per l'attivazione di un prezzo limite in sospeso e lo aggiunge alla profondità comune del mercato. L'ordine Stop-Limit viene eseguito come un ordine limite, all'interno dell'intervallo di prezzo specificato, indicato dal prezzo stop e dal prezzo limite. L'ordine viene eseguito solo tra il prezzo di stop e il prezzo limite se sono presenti ordini adeguati nella profondità del mercato. Se il prezzo di mercato supera il prezzo limite prima della piena esecuzione dell'ordine, potrebbe non essere possibile riempirlo.

Per chiarire, prendiamo un grafico con forti fluttuazioni, ad esempio una coppia XRP / dollaro USA.

Rimaniamo all'attuale livello dei prezzi, *indicato in №1*. C'è una inversione al rialzo sul grafico, determinata dal modello di testa e spalle, ma decidiamo di attendere la conferma della tendenza al rialzo a un livello che indichiamo come prezzo di stop. Se il prezzo di mercato raggiunge il nostro prezzo di stop, la nostra previsione verrà confermata e il nostro ordine verrà attivato. Allo stesso tempo, ci rendiamo conto che il prezzo può rimbalzare dal prezzo di stop indicato e andare nella direzione opposta. Dopotutto, il prezzo di mercato può superare o rimbalzare dal prezzo che fissiamo.

Se il prezzo di mercato raggiunge il prezzo di stop, l'ordine viene attivato e acquistiamo criptovaluta all'interno del corridoio delimitato dal prezzo di stop e dal prezzo limite. Allo stesso tempo, se il prezzo di mercato scende temporaneamente, verificando il livello di resistenza, consente l'acquisto a prezzi più favorevoli. Ma se il prezzo di mercato raggiunge il prezzo limite e continua a scendere, l'acquisto di criptovaluta si interrompe. Pertanto, gli ordini Stop-Limit consentono ad un trader di acquistare solo la criptovaluta il cui valore sta crescendo.

Stop Limit nella capacità di Stop Loss
A parte motivi di sicurezza, gli ordini Stop-Limit vengono utilizzati come stop loss. Prendiamo lo stesso grafico. Ora intendiamo aspettare il calo dei prezzi e acquistare criptovaluta al prezzo più favorevole prima di un altro picco.

Stabiliamo un ordine limite per l'acquisto al di sotto del prezzo di mercato. Ma come proteggerci dalle perdite se il prezzo continua improvvisamente a scendere dopo l'attivazione del nostro ordine limite? Un ordine limite standard non può svolgere la funzione di livello Stop Loss, poiché l'impostazione di un ordine di vendita con un prezzo inferiore al prezzo di mercato comporterà la vendita degli asset disponibili a un prezzo di mercato poiché il sistema lo considera più redditizio per la vendita. Ricordi? Compra basso, vendi alto...

Pertanto, impostiamo un ordine Stop-Limit a un livello Stop Loss come nella figura precedente e ora il suo compito non sarà quello di massimizzare i profitti, ma di minimizzare le perdite. Di conseguenza, impostiamo il prezzo limite a livello di Stop Loss, mentre impostiamo il prezzo di stop, che attiva questo ordine, leggermente più basso. Perché dovremmo fare una cosa simile?

L'ordine non verrà eseguito fino a quando il prezzo di mercato non raggiungerà il prezzo di stop e quando lo raggiungerà, il prezzo limite dell'ordine di vendita ("vendi a questo prezzo o inferiore") non consentirà di vendere la criptovaluta, se il prezzo aumenta improvvisamente nella direzione di cui abbiamo bisogno. Inoltre, non ci impedirà di vendere l'asset quando il prezzo scende, agendo come Stop Loss e minimizzando le perdite.

Spero che questa linea guida ti abbia aiutato a capire come registrare e depositare denaro per fare trading sullo scambio Binance. Lascia che ti ricordi che il mercato delle criptovalute sta cambiando rapidamente e alcuni elementi potrebbero cambiare nel momento in cui leggi il libro. In ogni caso, capisci i principi di base e sarai in grado di applicarli ad altri scambi.

I 10 Principali Scambi

Ora cercherò di semplificarti un po' la vita restringendo l'elenco degli scambi che possono diventare la tua piattaforma di trading. Identificherò i 10 migliori scambi, indicando i loro punti forti e deboli. Questi dieci scambi sono i migliori al momento in cui scrivo questo libro a causa del maggior numero di coppie di criptovalute presentate. Se le statistiche su questi scambi cambiano con il tempo, l'essenza rimarrà la stessa.

1. HitBTC (Estonia)
2. Bittrex (Stati Uniti)
3. Binance (Giappone)
4. Poloniex (Stati Uniti)
5. OKEx (Cina)
6. Huobi (Cina)
7. Bitfinex (Honk Kong)
8. Kraken (Stati Uniti)
9. Bitstamp (Lussemburgo)
10. Bithumb (Corea del Sud).

Quando scegli uno scambio, soppesa tutti i pro e i contro, non essere pigro per dedicare tempo a questo in quanto riguarda i tuoi soldi. Evidenziamo ora i pro e i contro di alcuni scambi.

Bithumb

Pro:

- Commissioni relativamente basse (0,15%).
- Alta liquidità.
- Occasione unica per acquistare certificati regalo / vouchers.

Contro:

- Interfaccia.
- È stato sottoposto ad attacchi informatici.
- Lingua coreana principalmente, solo poche informazioni sono disponibili in inglese.
- Tutte le coppie di valute sono legate solo alla vittoria sudcoreana. Pertanto, se hai solo Bitcoin e desideri acquistare, ad esempio Ethereum, dovrai acquistare delle vincite.
- Commissioni fisse, non legate al volume degli scambi.
- Sono disponibili solo poche coppie di trading,

Poloniex

Pro:

- Creazione rapida dell'account.
- Funzionalità multitasking (margin trading con leva finanziaria 2.5x, possibilità di fornire e ottenere prestiti).
- Alta liquidità.
- Interfaccia intuitiva user-friendly (navigazione, ordinamento, ricerca rapida, funzione di visione notturna, ecc.).
- Commissioni relativamente basse.
- API, autenticazione a due fattori 2FA.
- Strumenti di analisi tecnica (livelli di Fibonacci, medie mobili, bande di Bollinger).

Contro:

- Servizio di assistenza clienti lento.
- Nessuna app per dispositivi mobili.
- Nessun supporto valuta fiat. Il tasso di cambio del dollaro è legato all'altcoin Tether (USDT), che costa esattamente $ 1, ma in tempi di crisi il suo tasso non corrisponde sempre al dollaro.

Bitfinex

Pro:

- Funzionalità multitasking (margin trading con leva finanziaria 3.3x, possibilità di fornire e ottenere prestiti).
- Alta liquidità.
- Commissioni diverse: per un market maker - 0,1% e inferiore con un aumento del fatturato; per un market taker - 0,2% o inferiore.
- API, autenticazione a due fattori 2FA, strumenti avanzati di verifica per monitorare l'integrità della contabilità.
- Interfaccia personalizzabile (selezione tema, ordinamento).
- Strumenti di analisi tecnica integrati in TradingView.
- App mobili per iOS e Android.
- Un gran numero di ordini (stop loss, take profit e altri).

Contro:

- Quando si depositano fondi nel portafoglio o si prelevano fondi tramite bonifico bancario in USD, le commissioni di cambio dello 0,1%, ma non inferiore a $ 20. Pertanto è meglio effettuare depositi di cripto valuta.
- Verifica complicata.

Kraken

Pro:

- Buona reputazione, elevata liquidità.
- Per i clienti aziendali. Inoltre, viene fornito un programma aziendale ai clienti che effettuano transazioni con una grande quantità di denaro.
- Possibilità di depositare vari tipi di valuta legale e criptovaluta nel portafoglio.
- API, autenticazione a due fattori, possibilità di applicare impostazioni di sicurezza avanzate.
- La possibilità di negoziazione a margine, diversi tipi di ordini.
- Commissioni di transazione relativamente basse.
- Applicazione per iOS.
- Eccellente supporto clienti.

Contro:

- Un'assenza di interfaccia utente intuitiva.
- Commissioni elevate per il deposito di un portafoglio e il prelievo di fondi.
- Più adatto a trader avanzati.

Bittrex

Pro:

- Possibilità di creare account anonimi.
- Interfaccia amichevole e minimalista.
- Strumenti tecnici di analisi.
- API, autenticazione a due fattori 2FA.
- La sicurezza di alto livello non è mai stata compromessa.

Contro:

- Commissioni dello 0,25% per tutte le transazioni. Nessuna riduzione all'aumentare del fatturato.
- A volte la liquidità è al di sotto della media e l'esecuzione dell'ordine può durare circa 10 minuti.
- Nessun margine di trading.
- Quando si crea un account anonimo, ci sono limiti di prelievo più elevati (fino a $ 50.000), nonché solo depositi e prelievi di cripto valuta.
- Molti utenti non sono soddisfatti del team di supporto tecnico.

Piattaforma di analisi tecnica online di Tradingview

Prima di dare le ali ad una persona, devi insegnarle come usarle. Pertanto, prima di procedere allo studio dell'analisi tecnica, dovrei insegnare al mio lettore come utilizzare gli strumenti necessari sulla piattaforma di analisi tecnica online di Tradingview. Se tali informazioni ti sembrano troppo basilari, non preoccuparti, salta questa sezione e vai avanti. Dedico questa sezione a quei lettori che fanno i loro primi passi nel trading e non hanno ancora familiarità con i servizi e le piattaforme necessari.

Tradingview (www.tradingview.com) è un social network per i trader basato su una piattaforma online per l'analisi tecnica. Qui puoi non solo disegnare i tuoi grafici ma anche seguire gli altri trader e monitorare le loro previsioni.

Per passare ai grafici su questa piattaforma, facciamo clic sul pulsante Grafico nella homepage. Ora considera il pannello superiore sopra il grafico. Ci sposteremo da sinistra a destra.

Una **coppia di criptovaluta** si trova nell'angolo più a sinistra. Il **lasso di tempo** è lì accanto a destra. Il periodo di tempo è un intervallo di tempo entro il quale si forma una candela.

Più avanti nel pannello, possiamo scegliere il **tipo di grafico**. Personalmente, preferisco il candlestick giapponese. I trader hanno iniziato a utilizzare l'analisi tecnica del candlestick giapponese nel XVII secolo, quasi fin dall'inizio del commercio di scambio. Ma puoi scegliere barre o altri tipi di grafici.

Il pulsante successivo sul pannello è "**Confronta**". Qui possiamo confrontare diversi asset e verificare se esiste una correlazione tra asset su un grafico.

Quindi possiamo scegliere un indicatore. Ognuno di loro ha i suoi pro e contro. Ma grazie agli indicatori, possiamo capire se il mercato è ipercomprato o ipervenduto.

Il secondo pulsante a destra sopra il grafico ti permetterà di salvare o scaricare le tue previsioni.

Per impostare il grafico, facciamo clic su una ruota dentata nell'angolo destro e si aprirà il menu principale delle impostazioni del programma. Qui possiamo cambiare lo stile (sfondo, colore dei candlestick, ecc.); scala (tutto ciò che è correlato alla scala, alle dimensioni e ai valori del grafico); ombreggiatura di sfondo e altre funzioni.

Ora diamo un'occhiata al pannello a sinistra del grafico.

Il primo pulsante è un tipo di cursore. Di seguito sono disponibili strumenti di analisi tecnica. Consideriamo la linea di tendenza perché utilizzerai spesso questo strumento.

A cosa serve questa linea? È necessario determinare la tendenza e trovare un punto di svolta sulla tendenza esistente. Per applicare questa linea, devi avere almeno due punti. Li troviamo, allunghiamo la linea, la cloniamo e la mettiamo parallela alla prima linea.

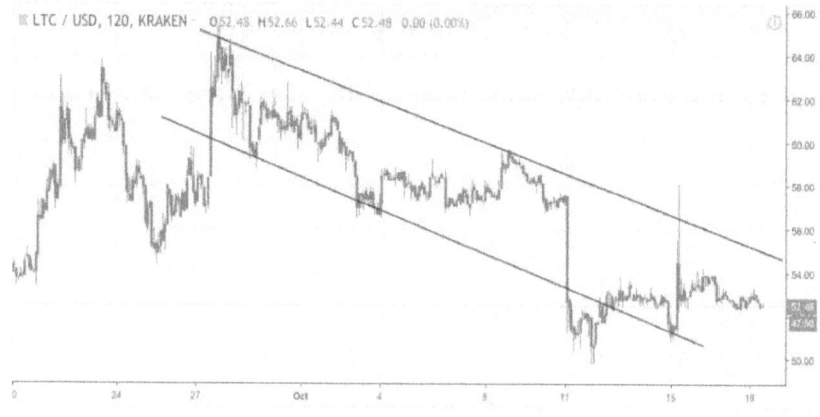

Gli strumenti grafici avanzati si trovano sotto il terzo pulsante del pannello verticale sinistro. Ce ne sono molti qui, ma il ritracciamento di **Fibonacci** viene spesso utilizzato. Questo strumento ti aiuterà a determinare possibili obiettivi di ritracciamento; possibili obiettivi di continuazione del trend; forte supporto e livelli di resistenza.

Premendo il quarto pulsante sul pannello di sinistra, sarai in grado di disegnare varie forme. Un pennello è disponibile anche qui.

Il quinto pulsante fornisce elementi di testo e frecce.

Il sesto pulsante offre diversi modelli, ad esempio il modello Head and Shoulders.

Il settimo pulsante offre gli strumenti di previsione. Ad esempio, possiamo misurare l'altezza delle figure grafiche con l'aiuto dello strumento "Fascia di prezzo".

Se vuoi rimuovere la figura disegnata dal tuo grafico, fai clic sul pulsante più in basso sul pannello. Se vuoi eliminare localmente solo uno strumento o una linea, fai clic su di esso e avrai un menu di opzioni.

Inoltre, hai l'opportunità di nascondere la previsione che hai tracciato sul grafico. Per fare ciò, premere il pulsante con un occhio.

E infine, consideriamo il pannello a destra del grafico.

Un menu di citazioni è in alto. È una funzione molto conveniente che consente di archiviare tutti gli asset con cui lavori. Per selezionare l'asset desiderato, inserisci le prime lettere della valuta nella barra di ricerca. Avrai un menu per la selezione. Qui scegli non solo la criptovaluta ma anche lo scambio su cui la scambierai.

L'ultima funzione, che è utile per me personalmente e anche per te, è l'icona della sveglia. Aiuta a creare avvisi per tenere traccia dei movimenti dei prezzi. Ma tieni presente che questa funzione è attiva solo quando il computer è acceso.

Esercitati a disegnare grafici ogni giorno, monitora le tue previsioni e migliora le tue abilità di trading. L'uso di Tradingview è un'abilità che migliorerai nel tempo e man mano che apprenderai gli indicatori tecnici nel resto di questo libro.

Compiti a casa

1) Scegli almeno due scambi di criptovaluta per il trading, registrati su di essi e deposita fondi in un conto di trading.
2) Registrati sulla piattaforma Tradingview e ottieni informazioni sulla sua funzionalità.

CAPITOLO 3. SVILUPPARE UN ALGORITMO DI TRADING

Per qualsiasi lavoro da strutturare e, quindi, di successo, dobbiamo sviluppare un chiaro algoritmo di azioni. Il trading non fa eccezione. Ad esempio, non possiamo iniziare il trading di criptovaluta senza registrarci allo scambio o imparare a lavorare con la piattaforma Tradingview. Tutto dovrebbe essere fatto nel dovuto ordine.

Naturalmente, ogni trader ha il proprio percorso unico e un algoritmo di azioni su misura. Tuttavia, col passare del tempo e acquisendo esperienza, la sequenza delle tue azioni nel trading può cambiare. Tuttavia, dovremmo sempre avere un certo algoritmo. Ciò contribuirà a risparmiare tempo ed evitare perdite finanziarie.

Quindi, se hai bisogno di un algoritmo di base e breve per iniziare a fare trading, sei il benvenuto. Prendi una penna e scrivi tutto.

1. Crea un portafoglio di cripto valuta.
2. Crea un account sulla piattaforma Tradingview e impara i suoi strumenti.
3. Registra un account in Borsa (è meglio registrarsi su più Borse) e sottoponi a verifica.

4. Determina le modalità di deposito e prelievo di fondi dallo scambio.
5. Studia il processo di immissione degli ordini in Borsa.
6. Crea la nostra strategia di trading.
7. Inizia un trading indipendente.

Questo algoritmo è superficiale, ma è ancora possibile utilizzarlo e adattarlo alle vostre esigenze e preferenze.

E ora, miei giovani trader, diamo un'occhiata a questo algoritmo con un pettine a denti fini e analizziamo le fasi iniziali del vostro trading nei dettagli.

1. Rivedere le dinamiche del mercato delle criptovalute
Quindi, la prima cosa che ogni trader che si rispetti dovrebbe fare prima di iniziare a fare trading è analizzare la situazione attuale sui mercati finanziari mondiali. Cerca di identificare le attività più diffuse.

Dopo aver trovato le risposte a queste domande, determina quali monete, in base alle informazioni precedentemente ricevute, potrebbero essere redditizie ora.

2. Scelta delle monete
I fattori determinanti nel processo di scelta di una moneta dovrebbero essere la sua volatilità e liquidità.

La volatilità è un indicatore finanziario statistico che caratterizza la volatilità di un prezzo. È un indicatore cruciale nella gestione dei rischi finanziari.

[8] La liquidità descrive la misura in cui un'attività o un titolo possono essere rapidamente acquistati o venduti sul mercato senza influire sul prezzo dell'attività. La liquidità viene misurata con il numero di operazioni eseguite (volume delle negoziazioni) e il valore dello spread - la differenza tra l'offerta massima e il prezzo minimo richiesto di un titolo o un asset (lo si può vedere in una profondità di mercato, che caratterizzerò un po' più avanti). Quindi, più transazioni vengono eseguite e minore è lo spread del valore, maggiore è la liquidità.

3. Esplorazione degli strumenti scelti per il trading - analisi tecniche e fondamentali

Le analisi tecniche e fondamentali sono i principali metodi di valutazione del mercato nel suo insieme e in particolare i tipi di criptovaluta.

L'analisi fondamentale ci aiuta a determinare le tendenze generali e la situazione del mercato, mentre l'analisi tecnica aiuta a scegliere i momenti migliori per aprire e chiudere una posizione.

Detto in altre parole, l'analisi fondamentale è un telescopio, che consente di vedere l'intero quadro, mentre l'analisi tecnica è un microscopio che aiuta a comprendere i dettagli più piccoli.

---

[8] La liquidità dipende da quanto è grande il compromesso tra la velocità della vendita e il prezzo per cui può essere venduto. In un mercato liquido, il compromesso è lieve: vendere rapidamente non ridurrà molto il prezzo.

4. Seguire le ultime notizie

Prima di tutto, presta attenzione alle ultime informazioni sui principali indicatori macroeconomici e alle notizie su particolari monete. Le macro statistiche influenzano la volatilità degli strumenti finanziari e l'attività dei trader di tutto il mondo.

Consiglio vivamente di ricordare, o meglio, anche di scrivere un giorno della settimana e l'ora esatta in cui vengono resi noti i notiziari su una determinata moneta per rimanere informati. Per semplificare il monitoraggio delle notizie, ti consiglio di creare una scheda (pagina) separata con un calendario di statistiche sul tuo computer e di visualizzarla di volta in volta.

5. Elaborazione di un piano di trading

Sebbene questa sezione sembri molto semplice, in realtà è complicata in quanto è l'aspetto più importante nell'attività di ogni trader.

Se pensi di poter aprire una posizione dopo aver semplicemente scorso il feed delle notizie su una determinata moneta e aver effettuato un'analisi tecnica del suo grafico, allora Dio ti aiuti:-)

Naturalmente, potresti essere fortunato una volta, ma a lungo termine, questo metodo comporterà perdite permanenti.

Ma cosa intendo con l'elaborazione di un piano di trading? Un piano di trading è uno scenario prestabilito e dettagliato delle azioni del trader in varie situazioni di mercato. Cioè, prima di aprire una posizione, si determina lo scenario di movimento del prezzo di una moneta e la reazione della maggior parte dei trader. Allo stesso tempo, non dovremmo dimenticare il momento in cui vengono rese note le notizie su un determinato rilascio di monete. Pertanto, dopo aver visualizzato il calendario degli eventi e capito a che ora vengono rilasciate le statistiche, si ottiene il momento della massima volatilità. Questa volta è più adatto per i trader più inclini al rischio e moralmente sani. Pertanto, non consiglio ai trader lenti di essere attivi 15 minuti prima o dopo la notizia di un rilascio di monete.

Elaborare un piano di trading e attenersi ad esso è uno dei principali fattori del tuo successo. Un approccio disciplinato è fondamentale!

6. *Elaborazione di un sistema di gestione dei rischi e di un sistema di gestione del denaro*

Un sistema di gestione del rischio e un sistema di gestione del denaro sono le componenti più importanti dell'attività di ciascun trader. Assicurano circa il 20% del successo nel trading di criptovaluta.

Il sistema di gestione dei rischi aiuta ad organizzare il trading in termini di rischi. È possibile determinare l'entità dei rischi in base alle diverse situazioni di mercato.

Il sistema di gestione del denaro, a sua volta, mostra ad un trader quanti soldi dovrebbero scambiare in una situazione particolare.

7. Comprensione della psicologia dei partecipanti al trading

Anche se molti trader saltano questo passaggio, lo considero uno dei prerequisiti più importanti per il trading di successo. Dopotutto, la psicologia, vale a dire il senso del mercato e una moneta scambiata, oltre a comprendere quali sono i desideri dei trader in un dato momento fanno la parte del leone nelle tue operazioni redditizie. Secondo me, circa il 70% del successo è rappresentato dalla psicologia, il 20% - i sistemi di gestione del rischio e di gestione del denaro, e solo il 10% - la tua strategia di trading. Pertanto, rivedi ancora una volta il tuo atteggiamento verso l'importanza di comprendere la psicologia dei partecipanti al mercato.

8. Ricerca di punti di ingresso, pianificazione di stop loss e acquisizione del profitto

Il quarto e il quinto passaggio del nostro algoritmo possono fornire istruzioni su un punto di ingresso. Tuttavia, non si dovrebbe trattare la scelta di un aspetto così importante in modo troppo superficiale. Innanzitutto, determiniamo qual è il punto di ingresso.

Come avrai già capito, questo termine indica il momento dell'apertura di una posizione (la direzione e l'obiettivo finale non contano).

Dovresti essere molto responsabile quando scegli il punto di ingresso poiché il primo passo nel trading ha un impatto sul risultato finale e sulla sua dimensione.

Un ordine stop-loss è un ordine o un livello di prezzo di uno strumento sul grafico in cui si chiude la propria posizione in perdita. In altre parole, si imposta la somma che si è disposti a rischiare in caso di un'inversione di prezzo.

Un ordine take-profit specifica il prezzo esatto al quale chiudere una posizione aperta per un profitto.

Ricorda che tutti e tre questi aspetti sono di fondamentale importanza nel trading!

Quindi, hai 8 step del mio algoritmo di trading personale, che puoi aggiornare da solo. Non provare a seguirlo ciecamente. Cerca invece di comprendere i principi di base del trading disciplinato.

Nei prossimi capitoli, esamineremo ciascuno di questi step in modo più dettagliato. Questa è solo la visione d'insieme.

Riepilogo e Considerazioni Aggiuntive

Prima di tutto, valuta i tuoi rischi e le prospettive di ingresso, cioè devi capire i motivi per aprire la tua posizione. Ti consiglio di annotare quando e a quale prezzo apri una posizione e a quale prezzo la chiuderai anche prima di aprire la posizione. Non iniziare a fare trading per un capriccio.

All' inizio, ti consiglio di utilizzare un grafico giornaliero per fare un'analisi tecnica della moneta selezionata. Successivamente, puoi passare a intervalli di tempo più piccoli, ovvero passare sempre da più grande a più piccolo.

Se preferisci scambiare altcoin, quindi non importa quale scegli, segui i movimenti Bitcoin con la coda dell'occhio. Che ti piaccia o no, il Bitcoin rimane una moneta dominante. Ad esempio, secondo coinmarketcap.com, al momento in cui scrivo il libro, oltre il 54% di tutti i fondi nel mercato delle criptovalute è concentrato in Bitcoin.

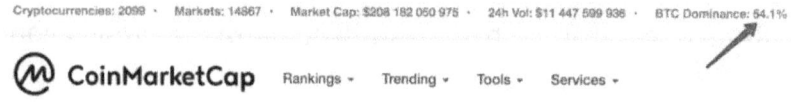

Il Bitcoin è un indicatore dell'intero mercato delle criptovalute, quindi ti consiglio comunque di conservare questa moneta nel tuo portafoglio.

Come bonus all'argomento dello sviluppo di un algoritmo di trading, voglio anche condividere un'idea di una tabella in cui puoi inserire i dati su tutte le tue monete.

	A	B	C	D	E	F	G
1		% from deposit					
2			Positions				
3	BTC	5%	9234 (5%)	7820 (5%)			
4	BTG	20%	145,5 (10%)	110,3 (5%)	75 (5%)	51 (5%)	
5	XRP	20%	1,01 (5%)	0,938 (5%)	0,786 (5%)	0,686 (5%)	0,552 (5%)
6	ADA	20%	0,391 (5%)	0,359 (5%)	0,306 (5%)	0,2441 (5%)	0,1374 (5%)
7	XVG	10%	0,0510 (5%)	0,0462 (5%)	0,0384 (5%)		
8	USDT	20%					
9							
10			Numerical values				
11	BTC 8602 (5%) - bought (marked in green)						
12	BTC 7210 (5%) - quotes in market depth, pending execution (marked in black)						
13	XRP 1,01 (5%) - a coin bought at this price and listed for sale at a higher price (selling price indicated in Notes)						
14							
15							
16							
17							
18							

Link sul file: http://bit.ly/sample-portfolio

Nell'angolo sinistro della tabella, disponiamo in forma colonnare tutte le monete che abbiamo nel nostro portafoglio. Inoltre, denotiamo la loro percentuale nel portafoglio. Nella colonna successiva, inseriamo le informazioni sul prezzo al quale è stata acquistata ciascuna moneta. Se le monete sono state acquistate a prezzi diversi, designiamo ciascun prezzo nelle seguenti colonne.

Consiglio anche di dividere tutte le cifre nella tabella in tre colori. Io ho scelto verde, nero e rosso. Verde significa che una moneta viene acquistata, nera - viene immessa in una profondità di mercato, ovvero è in attesa di esecuzione, il che significa che questi fondi sono bloccati finora e sarai in grado di colorare questa cifra verde non appena viene effettuato l'acquisto. Il colore rosso indica che una moneta viene acquistata a questo prezzo ed è già quotata in vendita (indichiamo il prezzo di vendita nelle Note).

CAPITOLO 4. ANALISI TECNICA

Il trading di criptovaluta di successo è impossibile senza l'uso di strumenti che stimano il comportamento del mercato. Innanzitutto, il mercato delle criptovalute ha le sue regolarità che non dovresti ignorare. In secondo luogo, le criptovalute sono molto instabili, rendendo più complicate le previsioni intuitive. L'analisi tecnica nel trading di criptovaluta consente di prevedere le fluttuazioni dei prezzi con maggiore successo. Quindi, se l'analisi fondamentale riguarda un valore monetario, l'analisi tecnica riguarda il prezzo.

Che cos'è l'analisi tecnica?

L'analisi tecnica è una disciplina di trading utilizzata per valutare i titoli e identificare le opportunità di trading analizzando le statistiche raccolte dall'attività di trading, come la variazione dei prezzi e il volume. L'analisi tecnica consente di determinare cosa accadrà ad un determinato prezzo in valuta nel prossimo futuro sulla base di dati storici di mercato.

I commercianti di riso giapponesi iniziarono ad utilizzare questo metodo diversi secoli fa. Più tardi, all'inizio del XX secolo, il giornalista americano Charles Dow pubblicò una serie di articoli sulla finanza, descrivendo i modelli di crescita e declino del mercato dei titoli. Più tardi, i postulati di base furono estratti dalle sue opere, formando la teoria di Dow, che costituì la pietra angolare dell'analisi tecnica.

La teoria di Dow ha creato la pratica dell'analisi tecnica e ha permesso di determinare tre tesi di base dell'analisi tecnica. Sono universali e applicabili nel mercato delle criptovalute.

- *Non succede nulla per caso.* Ogni variazione di prezzo nel mercato è causata da qualcosa. Se si determina la causa, la prossima volta sarà più facile prevedere lo spostamento dei prezzi in circostanze simili.
- *La storia si ripete.* Ciò che è già accaduto sul mercato può accadere la seconda volta. Le conseguenze sono probabilmente le stesse.
- *Le regolarità funzionano.* È probabile che la tendenza (vettore di movimento dei prezzi) segua la stessa direzione. Solo un fattore simile nella forza può avere un impatto su di esso. Fattori più deboli portano a una fluttuazione temporanea (correzione del mercato delle criptovalute), ma non a una tendenza inversa.

I computer hanno reso l'analisi tecnica molto più semplice poiché i software di grafici specializzati aiutano ad analizzare i movimenti dei prezzi con diversi strumenti di analisi tecnica: livelli, linee, diversi indicatori. Oggi tali grafici sono integrati in molti scambi di criptovaluta e funzionano in modalità interattiva.

Analizziamo ora tutti i componenti dell'analisi tecnica nel trading di criptovaluta. Dedicheremo una sezione separata del libro per esaminarli in dettaglio. Per ora, ti informerò sulle basi dell'analisi tecnica affinché tu possa comprendere meglio le informazioni successive.

Quindi, a parte i grafici dei prezzi, i seguenti componenti dell'analisi tecnica sono i più noti.

Livelli. I *livelli di supporto e resistenza* sono utilizzati molto spesso. Queste linee sono tracciate attraverso i punti estremi di un grafico di movimento dei prezzi. Cioè, attraverso i punti alti e bassi. Perché ne abbiamo bisogno? In primo luogo, la storia mostra che abbiamo una maggiore probabilità di un evento a questi livelli. In secondo luogo, operando abilmente questi livelli, comprendiamo che ci sono alcuni *schemi* sul grafico che tendono anche a produrre risultati particolari.

Oltre ai modelli, abbiamo strumenti più avanzati per l'analisi chiamati *indicatori*. Grazie a un software specializzato, i dati vengono elaborati su un grafico per mostrarti ciò che è di valore pratico. Ma, per quanto mi riguarda, non tutti gli indicatori hanno la stessa rilevanza. Ad esempio, i *candlestick (grafici a candele) giapponesi* non sono in grado di fornire molte più informazioni utili *delle onde di Elliott*.

Le prime cose che gli indicatori analizzano sono i candlestick. I candlestick mostrano i prezzi di apertura, chiusura, massimo e minimo per ciascun periodo.

La seconda cosa è il volume degli scambi che mostra la quantità di un asset che ha innescato un particolare cambiamento e se ci fosse o meno un'attività di trading all'interno di un determinato candlestick.

Un punto molto importante e conveniente è che i trader possono decidere autonomamente quali strumenti scegliere per fare l'analisi tecnica di una moneta.

Avendo affrontato i componenti dell'analisi tecnica, suggerisco di considerare i suoi *vantaggi*:

- I dati iniziali sono accurati nell'analisi tecnica.
- I dati vengono visualizzati in tempo reale.
- L'analisi tecnica segue lo stesso principio con tutte le valute
- L'analisi tecnica fornisce dati sufficienti per il trading di valute poco conosciute.

Avendo evidenziato i vantaggi, dovremmo anche segnalare le carenze dell'analisi tecnica:

- Segnali in ritardo. Ad esempio, è impossibile determinare che ci sarà crescita in una determinata settimana. Puoi esserne sicuro, per esempio, il giorno prima.

- Inefficienza in caso di interferenza di fattori esterni. Ad esempio, hai fatto una previsione, tutto procede secondo un piano, ma alcuni rapporti di notizie su una moneta vengono resi noti e cancellano la tua analisi. A differenza dei mercati classici, è un fenomeno frequente nel mercato delle criptovalute, non da ultimo perché nessuno è qui per cincischiare, quindi, sfortunatamente, molti partecipanti al mercato stanno giocando un gioco sporco.

Ecco perché l'analisi tecnica è meno efficace nel mercato delle criptovalute rispetto ai mercati classici. Inoltre, qualsiasi analisi tecnica è una questione di interpretazione. Che cosa vuol dire? I grafici carini con linee visibili come mostrato nei libri sul trading (non intendo il mio :-) non esistono. Anche i livelli di supporto e resistenza possono essere disegnati in modi diversi da diversi trader. I risultati degli indicatori possono anche essere interpretati in diversi modi. Pertanto, prima di prendere una decisione sull'apertura di una posizione, un trader cerca di trovare il maggior numero possibile di fattori di supporto per giustificare la decisione presa. Uno di questi fattori è il risultato dell'analisi al computer del mercato.

Quindi, l'*analisi al computer del mercato* è l'uso e l'analisi di indicatori tecnici. Gli indicatori tecnici sono calcoli matematici utilizzati per determinare cosa potrebbe succedere dopo con il prezzo di una criptovaluta.

Esistono diversi tipi di indicatori tecnici:

- Gli *indicatori di tendenza* determinano la probabile direzione del movimento dei prezzi. Sono anche chiamati "Lagging Indicators" (Indicatori che seguono in ritardo il movimento del prezzo del titolo che si vuole analizzare.) Esistono i seguenti indicatori di tendenza: Media Mobile, bande di Bollinger, SAR parabolico, CCI e altri.
- Gli *oscillatori* determinano il probabile punto di inversione del prezzo. Sono anche chiamati "Leading Indicators" (Indicatori economici che vengono usati per predire l'evoluzione del ciclo economico). Esistono i seguenti tipi: RSI, MACD, Stocastico, Ichimoku, Momentum e altri.
- *Volatility Indicators* (Indicatori di volatilità): indicatori che valutano il probabile potenziale di un prezzo.
- I *non-price indicators* (Indicatori di non prezzo) stimano determinanti di trade di non prezzo, come volume, volume ponderato, interessi aperti e così via. Esistono i seguenti tipi: OBV, Volumes, MFI, ZigZag, Alligator.
- *Non-market indicators* (Indicatori non di mercato) che utilizzano valori di prezzo o volume per i calcoli (indicatori di tempo, sequenza, ecc.).

Consideriamo ora uno degli indicatori, l'indicatore della Media Mobile, in pratica. Ha diversi tipi:

- MA è una media mobile semplice.
- EMA - media mobile esponenziale.
- WMA - media mobile ponderata.

Quindi, se la media mobile attraversa il grafico dei prezzi e il prezzo è in alto, è un segnale di acquisto; se il prezzo è inferiore, è un segnale di vendita.

A loro volta, gli oscillatori definiscono le aree ipercomprate e ipervendute. Un'area ipercomprata / ipervenduta è il periodo di ridistribuzione attiva di beni e fondi tra bulls (tori) e bears (orsi).

E qui hai l'ultima informazione sugli indicatori per comprendere il quadro generale dell'analisi tecnica. Li esamineremo anche più avanti in una sezione separata. Esiste una nozione come segnali di divergenza e convergenza.

La *divergenza* è un segnale nel bull market (mercato rialzista), quando il picco di prezzo sul grafico dei prezzi fa un nuovo massimo, mentre il picco di prezzo sull'indicatore fa un nuovo minimo. Questo è un segnale di una tendenza indebolita.

La *convergenza* è un segnale nel bear market (mercato ribassista), quando il picco di prezzo sul grafico dei prezzi fa un nuovo minimo, mentre il picco di prezzo sull'indicatore fa un nuovo massimo. La convergenza è una convergenza di linee.

Per aprire una posizione, ti consiglio di utilizzare i dati degli indicatori tecnici unitamente all'analisi tecnica completa condotta sul mercato.

Ora è tempo di passare alla parte pratica dell'analisi tecnica. Trova il coraggio, ora un sacco di grafici lampeggeranno davanti ai tuoi occhi. Tuttavia, senza di essi, è impossibile fare una previsione qualitativa del movimento dei prezzi delle criptovalute.

Per iniziare a fare trading, devi prima imparare il gergo del trading. Ora tratteremo alcune parole, mentre alla fine di questo libro troverai un glossario più ampio di termini di criptovaluta.

Le operazioni di trading nel mercato delle criptovalute hanno soprannomi: buy (comprare) - go long (andare lungo); sell (vendere) - go short (andare corto). Se effettui un acquisto, la tua operazione viene chiamata long position (posizione lunga); se vendi qualcosa, l'operazione si chiama short position (posizione corta).

Fin dalla fondazione di tutti i mercati finanziari (valuta, azioni, materie prime, mercati di criptovaluta), i loro partecipanti, che fanno acquisti, sono chiamati "bulls" (tori), mentre quelli che vendono asset sono chiamati "bears" (orsi).

Tutti gli analisti e gli speculatori utilizzano vari grafici durante l'analisi tecnica in quanto questo è il modo più semplice, economico e affidabile per confrontare i prezzi in diversi intervalli di tempo. Dopotutto, l'analisi tecnica è un'esplorazione delle variazioni di prezzo attraverso lo studio dei grafici e con l'obiettivo di prevederne ulteriori cambiamenti.

Il più popolare è il *Line Chart* (grafico a linee).

Il grafico a linee è il migliore per visualizzare le dinamiche di movimento dei prezzi. Un lasso di tempo si trova nella parte inferiore del grafico e la scala dei prezzi degli asset è sulla destra.

I candlestick *(candele giapponesi)* sono l'altro grafico più diffuso.

Qui è necessario distinguere tra i prezzi di apertura e chiusura di una candela poiché ogni candela viene formata in un periodo specifico.

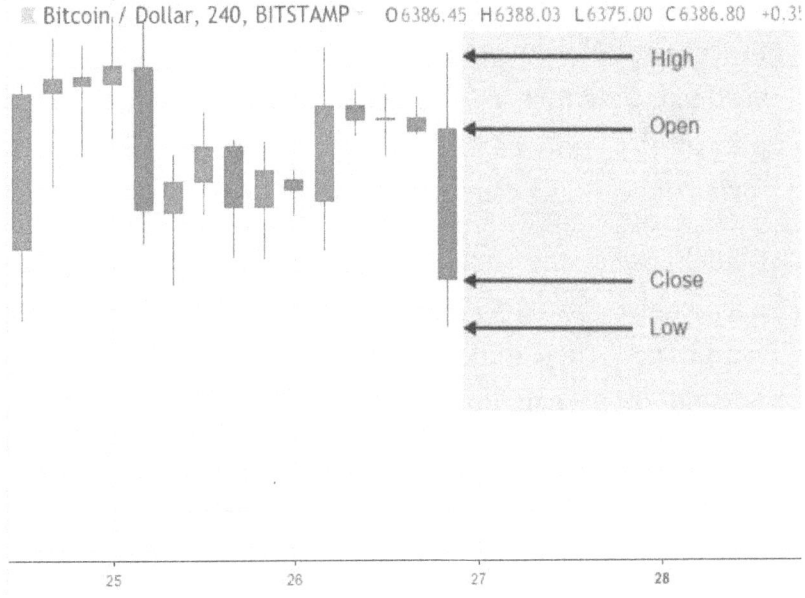

Ad esempio, un diagramma di quattro ore è selezionato in questo grafico. Alcune dinamiche di trading si verificano in questo periodo di tempo. La candela precedente si chiude in quattro ore, arriva un nuovo ciclo e si apre una nuova candela. Se gli operatori di mercato iniziano a comprare una moneta durante questo periodo di tempo, il suo prezzo aumenta; se prendono i loro profitti (chiudono l'affare), il prezzo scende. Più venditori ci sono, più il prezzo scende; più acquirenti ci sono, maggiore è il prezzo che aumenta. Pertanto, abbiamo una certa lotta tra "tori" e "orsi": quale colore avrà una candela perché può essere rossa (colore degli "orsi") o verde (colore dei "tori"). Nel libro in bianco e nero, queste candele sono rispettivamente in bianco e nero.

Ora dai un'occhiata più da vicino al grafico nella foto precedente. Noti qualcosa? No? Che dire di alcune formazioni verticali? Tale formazione è chiamata *ombra*. Mostra il prezzo più alto e più basso scambiato durante il periodo di formazione di una candela.

Dedicheremo una sezione separata alle candele giapponesi, ma voglio parlarvi brevemente della struttura della candlestick. Un candlestick ha un corpo reale (real body) pieno di colore e un'ombra (shadow).

La prossima cosa che devi ricordare nell'analisi tecnica sono i tempi entro i quali si forma una candela. Li elencherò nella tabella seguente.

Chart	Timeframe
1M	1 minute
5M	5 minutes
30M	30 minutes
1H	1 hour
4H	4 hours
1D	1 day
1W	1 week
MN	1 month

È possibile utilizzare qualsiasi periodo di tempo per l'analisi tecnica, ma tieni presente la mia raccomandazione: iniziare con un intervallo di tempo più ampio e passare gradualmente a uno più piccolo.

E infine, memorizza le principali *leggi dell'analisi tecnica*. Come promemoria, questi sono i tre postulati dell'analisi tecnica. Se la geometria si basa su teoremi, l'analisi tecnica si basa su tre postulati:

- Il prezzo tiene conto di tutto.
- Il movimento dei prezzi è soggetto alle tendenze.
- La Storia si ripete.

Esaminiamo ogni postulato.

Il prezzo tiene conto di tutto Ad esempio, una volta alcuni media hanno riferito che il co-fondatore di Ethereum Vitalik Buterin è morto. Il prezzo dell' ETH ha iniziato a crollare. Più tardi, Buterin ha negato questa falsa notizia scrivendo sui social network che stava bene. Subito dopo, il prezzo di

Ethereum ha recuperato. È ovvio che qualsiasi notizia può provocare sia il declino sia la crescita di una valuta.

Il movimento dei prezzi è soggetto alle tendenze Che cos'è una tendenza? È un movimento diretto. La tendenza può essere crescente o decrescente. Di conseguenza, tendiamo ad essere su o giù. Non c'è movimento incerto: verso l'alto o verso il basso. E qualsiasi movimento dei prezzi dipende dalla direzione della tendenza che domina sul mercato. Se la tendenza sta scendendo, il prezzo si sposterà verso il basso. Se la tendenza è in aumento, il prezzo salirà. Se il mercato è piatto, il prezzo si sposterà in orizzontale.

La Storia si ripete. Non importa da quanto tempo esiste il mercato delle criptovaluta poiché i suoi schemi, i cicli e altri componenti si ripeteranno sempre.

Oltre alle leggi principali dell'analisi tecnica, ci sono anche *leggi sulla circolazione dei prezzi*:

1. È più probabile che l'attuale tendenza duri piuttosto che cambiare direzione.
2. La tendenza si svilupperà nella stessa direzione fino a quando non darà segni di inversione.

Ricorda: *se non segui tutti questi postulati, il mercato ti "punirà" severamente.*

CAPITOLO 5. SUPPORTO DI DISEGNO E LIVELLI DI RESISTENZA

Le basi dell'analisi tecnica riguardano l'identificazione e la previsione delle tendenze nei grafici delle criptovaluta. Dopo aver determinato la tendenza, possiamo procedere all'analisi grafica (analisi dei modelli) e all'analisi computerizzata (analisi dei dati di indicatori e oscillatori).

Una tendenza è una direzione in cui si muove il mercato. È una serie di zigzag che ricordano una serie di onde: l'ascesa è seguita dalla caduta.

Esistono tre tipi di tendenze:

- Tendenza al rialzo / rialzista.
- Tendenza al ribasso / ribassista.
- Tendenza piatta.

Per determinare l'attuale tendenza del mercato, dobbiamo cercare sul grafico i prezzi più alti e più bassi di una moneta.

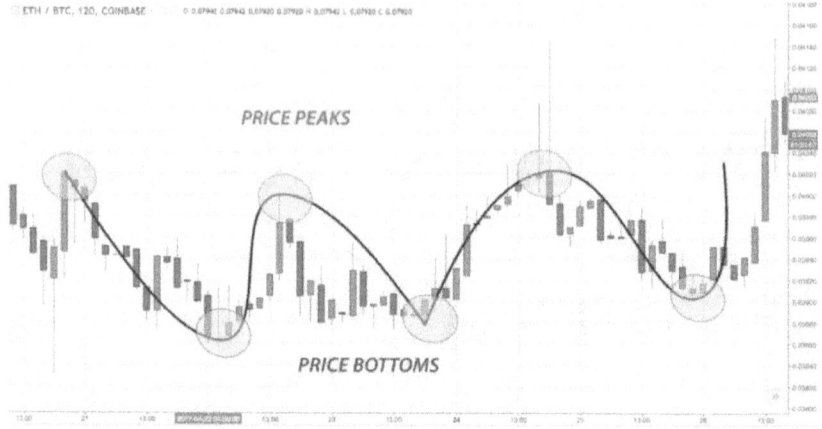

Ad esempio, se colleghiamo un gran numero di punti più alti e più bassi con una linea, vedremo su questo grafico che il mercato è piatto.

Ora analizziamo ogni tendenza in modo più dettagliato.

Tendenza al rialzo / rialzista

Abbiamo bisogno di un grafico per comprendere l'essenza di questa e di altre tendenze.

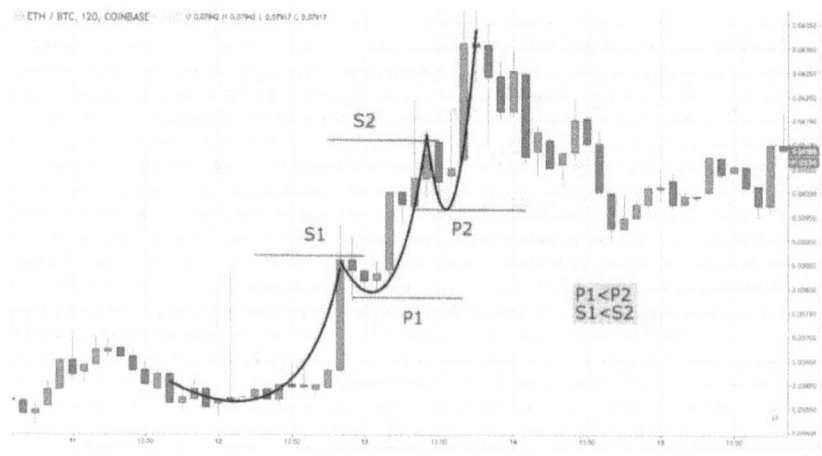

Quindi, il grafico mostra diversi punti, alcuni di essi sono contrassegnati con la lettera S, mentre alcuni - con la lettera P. Che cosa significano?

Esiste una formula semplice per determinare una tendenza al rialzo. S1 e S2 sono picchi di prezzo, mentre P1 e P2 sono fondi di prezzo. Quindi, l'essenza di questa formula è che P1 sarà sempre inferiore a P2 e S1 sarà sempre inferiore a S2. Ciò significa che nella tendenza al rialzo ogni picco successivo sarà più alto di quello precedente e ogni fondo sarà anche più alto di quello precedente.

Tendenza al ribasso / ribassista

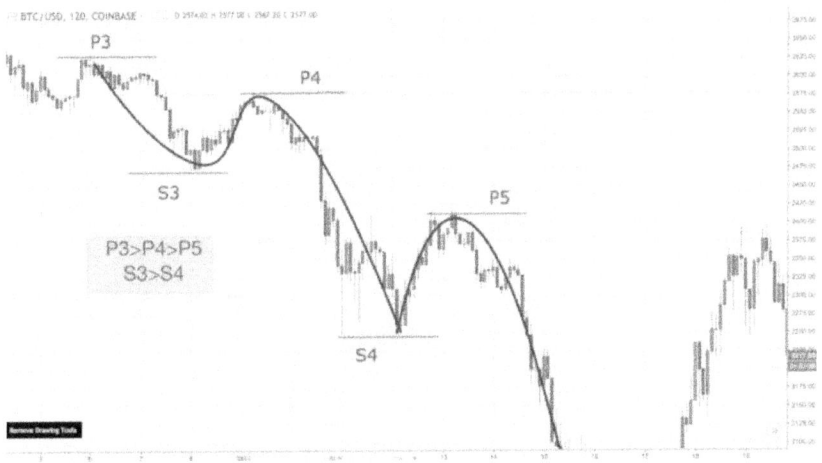

In caso di tendenza al ribasso, P3 è superiore a P4 e superiore a P5. Ogni picco successivo sarà inferiore al precedente, mentre ciascun fondo successivo sarà inferiore al precedente (S3 situato più in alto di S4).

Tendenza piatta

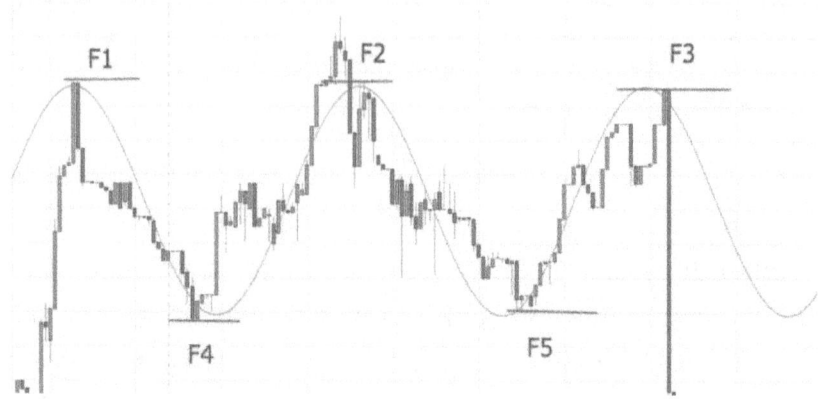

Qui, F1, F2 e F3 sono i punti di picco del prezzo e F4 e F5 sono i punti di prezzo più bassi. I punti di picco e di fondo rimangono sullo stesso livello. Il prezzo si muove in orizzontale, come in un corridoio, senza aggiornare gli alti e i bassi. Ciò indica un andamento piatto del mercato.

Quindi, è ovvio che per iniziare a fare analisi tecniche, per determinare l'andamento del mercato, devi solo conoscere i prezzi di picco e di fondo di una moneta.

Come fare trading tra tendenze diverse? Certo, è più sicuro fare trading quando c'è una tendenza rialzista (verso l'alto) sul mercato. Puoi anche fare trading in una tendenza piatta. Una tendenza al ribasso pone il rischio maggiore per il tuo trading. In parole povere, se i picchi e i fondi continuano ad essere aggiornati sul grafico, non c'è motivo di preoccuparsi. Se i picchi e il fondo non vengono aggiornati, è un avvertimento che una tendenza potrebbe invertire.

Livelli di supporto e resistenza

Abbiamo già discusso quali sono i livelli di supporto e resistenza, quindi suggerisco di passare immediatamente alla pratica.

Quindi, la linea di fondo sul grafico è il livello di supporto e la linea superiore è il livello di resistenza. Questi livelli ci aiutano a determinare che questo grafico mostra una tendenza al rialzo.

Pertanto, è ovvio che un livello di supporto è un livello inferiore al mercato, in cui il desiderio di acquistare è così forte da resistere alla pressione dei venditori. Di conseguenza, la caduta è sospesa e i prezzi iniziano a salire di nuovo. Di solito, un livello di supporto può essere determinato in anticipo, in base al livello del precedente declino. Un livello di resistenza, a sua volta, è l'opposto diretto di un livello di supporto e rappresenta un livello al di sopra del mercato, dove la pressione dei venditori supera la pressione degli acquirenti.

I livelli di supporto e resistenza possono essere di diversa forza. Dobbiamo imparare a scegliere livelli forti. **La prima regola:** più a lungo si alza il prezzo nell'area di supporto o resistenza, più importante è quest'area. Ad esempio, se il prezzo è rimasto in bilico vicino al livello di supporto per due settimane e poi è aumentato, quest'area di supporto è più significativa che se le stesse fluttuazioni dei prezzi si verificassero solo per due giorni.

La seconda regola: se la formazione del livello di supporto è accompagnata da un ampio volume commerciale, questo livello è molto significativo. Al contrario, minore è il volume degli scambi, minore è il livello di supporto.

La terza regola è determinata dalla lontananza di un livello di supporto o resistenza nel tempo dal momento presente. Dal momento che ci occupiamo della reazione dei trader al movimento del mercato e alle posizioni, queste si sono già aperte o meno, è chiaro che quanto più si avvicina l'evento, tanto maggiore diventa la sua importanza quando il mercato viene attivato in misura maggiore.

Come disegnare un livello di supporto e un livello di resistenza in Tradingview (una piattaforma di analisi tecnica di cui abbiamo già discusso)?

Disegniamo un livello collegando i picchi di prezzo e i fondi. Successivamente, per rendere il secondo livello parallelo al primo, lo cloniamo e posizioniamo i prezzi sull'altro lato del grafico dei prezzi. Per fare ciò, fai clic sul primo livello disegnato e seleziona l'opzione "Clona" nella barra delle applicazioni. Quindi, otteniamo un livello che è parallelo a quello che abbiamo disegnato prima e ora lo spostiamo semplicemente nell'area di cui abbiamo bisogno - il maggior numero di punti sopra o sotto il grafico dei prezzi.

Oltre a questi livelli, molti trader tracciano anche linee orizzontali sul grafico. Il principio del disegno è quasi identico: colleghiamo il maggior numero di punti su un livello orizzontale con una linea.

Linea di tendenza

Una linea di tendenza è uno degli elementi più semplici e chiari di analisi tecnica.

Una linea di tendenza può essere crescente o decrescente. Tracciamo queste linee nello stesso modo in cui disegniamo livelli di supporto e resistenza. La linea ascendente viene tracciata collegando i minimi ascendenti, mentre la linea discendente viene tracciata collegando i massimi discendenti. Per verificare la presenza di una particolare tendenza nel mercato, abbiamo bisogno di almeno tre punti per tracciare una linea di tendenza. Una volta trovato il terzo punto sul grafico e confermato la natura della tendenza, è possibile utilizzare la linea di tendenza per risolvere una serie di attività.

Ad esempio, uno dei principi fondamentali dell'analisi tecnica è: una tendenza in movimento cercherà di continuare il suo movimento. Pertanto, non appena una tendenza prende ritmo e una linea di tendenza si posiziona ad un certo angolo, questo angolo di solito rimarrà invariato nel corso di un ulteriore sviluppo della tendenza. In questo caso, una linea di tendenza ci consentirà di determinare i punti estremi delle fasi di correzione e anche di indicare possibili cambiamenti nella tendenza.

Supponiamo che ora abbiamo una tendenza al rialzo sul nostro grafico. In ogni caso, su ogni grafico sono inevitabili cadute di prezzo correttive o intermedie. Di norma si avvicinano a una linea di tendenza ascendente o la toccano. Quando c'è una tendenza al rialzo, prevediamo di acquistare un'attività a basso prezzo. In questo caso, una linea di tendenza funge da livello di supporto al di sotto del mercato. È la nostra zona di acquisto. E viceversa: se il nostro grafico mostra una tendenza al ribasso, utilizziamo una linea di tendenza come livello di resistenza per la vendita.

E fintanto che non ci sono interruzioni sul grafico, una linea di tendenza ci aiuta a determinare le zone di acquisto e vendita. Ma se una linea di tendenza si interrompe, è il primo segno di un cambiamento nella natura della tendenza.

Interruzione di linea tecnica

Noti qualcosa di interessante in questo grafico?

Spero che tu abbia notato il breakout attraverso un livello di resistenza. Il prezzo non ha continuato a muoversi nella direzione storica, aggiornando i massimi e i minimi, ma "salta" di un livello e sale. Questo accade quando un prezzo di chiusura della candela è fissato sopra il livello.

Cosa significa questa situazione sul mercato? Se vediamo una formazione di candele (specialmente la sua chiusura) dietro un livello di supporto o resistenza, ciò indica che si sta verificando un'inversione di prezzo. Ma se una candela, a prima vista, si fa strada oltre il livello, ma tuttavia si chiude sotto di esso, è un "false breakout".

Accelerazione di una tendenza

Questo grafico mostra una tendenza crescente, ma si è verificata un'interruzione del livello di resistenza. Vediamo qui non un breakdown, che significherebbe un'inversione di prezzo e un cambiamento di tendenza, ma un breakout. Cioè, il prezzo supera un livello di resistenza di tendenza ascendente e continua a salire. Ora il nostro livello di resistenza si trasforma in livello di supporto. Pertanto, la tendenza sta accelerando.

Se una tendenza sta accelerando: maggiore è il grado di tendenza ascendente, minore sarà la durata nel tempo.

Disegnare un canale

Un canale viene disegnato quasi automaticamente sul tuo grafico perché lo ottieni disegnando livelli di supporto e resistenza. L'area tra questi livelli è chiamata canale.

Un canale contiene una linea di canale e una linea di tendenza. Una linea di tendenza è la principale. Se questa linea si interrompe sul grafico, significa che l'andamento del mercato è cambiato.

La principale linea di tendenza ascendente può essere utilizzata per l'apertura di nuove posizioni. Una linea di canale può servire da guida per realizzare profitti in operazioni a breve termine. Alcuni trader utilizzano una linea di canale per aprire posizioni corte nella direzione opposta alla tendenza principale. Tuttavia, è molto pericoloso e, di norma, non redditizio fare trading contro la tendenza del mercato.

Come nel caso della linea di tendenza principale, più dura il canale, più diventa importante e affidabile.

Un'interruzione principale della linea di tendenza indica sempre un cambiamento nella tendenza. Tuttavia, un'interruzione della linea ascendente del canale ha il significato opposto e significa un'accelerazione della tendenza esistente. Molti trader aprono ulteriori posizioni dopo il breakout in una tendenza al rialzo.

Ti dirò un segreto: secondo me, costruire schemi e canali grafici è un concetto molto soggettivo. Sono costruiti con l'aiuto di linee inclinate e queste linee possono essere disegnate in diversi modi. Ad esempio, un trader può tracciare una linea lungo un corpo o l'ombra di una candela, e i risultati saranno diversi.

E ora citerò un esempio di una situazione interessante con la costruzione di un canale sul grafico. Avevamo disegnato un canale, ma la situazione del mercato è cambiata dopo un po' e tutte le nostre linee si sono rivelate inferiori al grafico dei prezzi. Che cosa dovremmo fare?

L'area del grafico attraversata da linee è il futuro che non abbiamo visto quando si tracciava un canale. Per correggere la situazione e "restituire il grafico nel canale" abbiamo due opzioni: cambiare l'angolo delle linee per catturare il nuovo punto più alto del grafico o espandere il canale stesso. Viene restituito il seguente risultato:

La prima opzione è raffigurata con linee spesse, la seconda - con quelle sottili.

Ora ho una domanda per te: quale di queste due opzioni è più corretta? La risposta è entrambe. Le linee in entrambe le opzioni aiutano a identificare i punti di rottura o di rottura, ovvero le zone in cui riceviamo un segnale. Quindi non importa come si disegnano le linee poiché se mostrano i punti di apertura della posizione, le linee vengono disegnate correttamente.

Per riassumere, voglio dire che una tale analisi di un grafico ci mostra le zone che dobbiamo monitorare poiché apriremo o chiuderemo le posizioni in queste zone. Tuttavia, questa analisi non mostra se il prezzo interromperà o meno questa zona.

Infine, annota e ricorda sempre la **regola d'oro dell'analisi tecnica**:

"Conduci sempre le transazioni seguendo una tendenza dominante", ovvero, se c'è una tendenza al rialzo nel mercato, dovresti comprare; se c'è una tendenza al ribasso, dovresti vendere.

Compiti a casa

1) Disegna in Tradingview due esempi di costruzione di un canale su 1 ora o più.
2) Disegna due esempi di costruzione di un canale in un intervallo di tempo inferiore a 1h.

CAPITOLO 6. ANALISI GRAFICA

Abbiamo studiato i concetti di base dell'analisi tecnica nella sezione precedente e ora credo che tu sia pronto per passare a materiali più complicati: schemi grafici.

Tutti i modelli di analisi grafica rientrano in due categorie: modelli di inversione e modelli di continuazione. I loro nomi parlano da soli: i modelli di inversione indicano una rottura nella tendenza esistente, mentre i modelli di continuazione indicano una breve pausa dopo la quale un movimento dei prezzi continuerà a muoversi nella stessa direzione.

A prima vista, tutto sembra piuttosto semplice, una sorta di geometria sul grafico: disegnare triangoli e prevedere il movimento dei prezzi. In realtà, la creazione di schemi grafici validi è molto più complicata. Il punto principale è la capacità di distinguere tra i modelli e di non essere in ritardo per identificarlo nel processo di formazione. Ci sono molti modelli nel trading, ma ne prenderemo in considerazione solo alcuni.

Credo che il mio compito principale come autore e coach non sia quello di disturbarti con molte parole e concetti complicati per migliorare il mio profilo, ma darti le conoscenze necessarie per il trading. Pertanto, sono sicuro che non avrai bisogno di conoscere dozzine di schemi grafici che riempiono altri libri sul trading. Più schemi conosci, più sarai confuso e sarà ancora più difficile per te trovarli sul grafico. Hai solo bisogno di conoscere quelli più importanti che appaiono più spesso sul mercato.

Modelli di inversione

Prima di esaminare i modelli di inversione, consideriamo le loro caratteristiche generali:

1. Prerequisito per l'emergere di qualsiasi modello di inversione è l'esistenza di una tendenza precedente.
2. L'avvertimento su una possibile inversione della tendenza esistente può essere una rottura dell'importante linea di tendenza.
3. Maggiore è il motivo (altezza e larghezza), più significativo sarà il successivo movimento del mercato.
4. I modelli di picco sono, di regola, più brevi nel tempo e più variabili rispetto ai modelli di base.
5. I modelli di base tendono ad avere una fascia di prezzo più ridotta e per costruirli è necessario più tempo.
6. Un volume di scambi svolge spesso un ruolo più importante quando inizia un'inversione da ribassista a rialzista.

Modello Head and Shoulders

Il modello Head and Shoulders (HaS) è il principale modello di inversione utilizzato nella criptovaluta e in altri mercati.

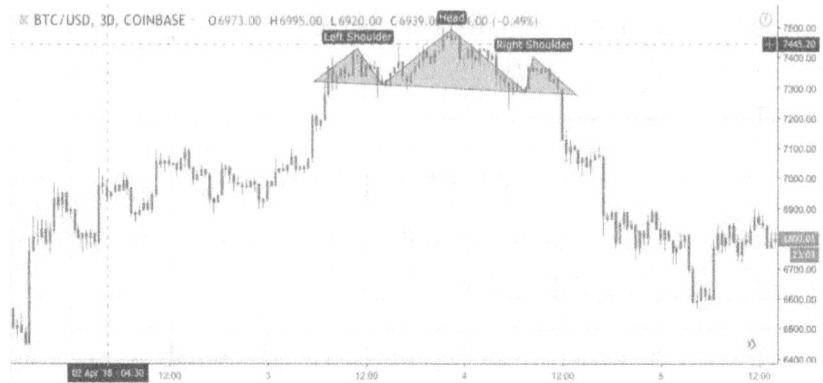

Ho rappresentato sul grafico un classico esempio di HaS.

Questo modello si forma solo durante la tendenza al rialzo. Allo schema è stato dato questo nome per una vera somiglianza con la testa e le due spalle di un uomo. Il picco più alto del modello è la testa (è al centro), e i due punti più piccoli sono le spalle sinistra e destra (sono su entrambi i lati e circa alla stessa altezza). La formazione di questo modello è considerata completa quando un prezzo di chiusura di un candlestick è fissato sotto la neckline (la scollatura è rappresentata con il livello orizzontale, che passa attraverso gli ultimi due minimi ed è un livello di supporto).

Ciò significa che il mercato, dopo aver rotto una linea di tendenza, scende al di sotto del livello di supporto e si dirige verso una tendenza al ribasso. Se il modello HaS è confermato con i volumi, è tempo per noi di chiudere posizioni lunghe (acquistare). Tuttavia, se si forma uno schema senza un volume significativo, la probabilità che non raggiunga l'obiettivo sul grafico (il prezzo non si sposterà secondo la direzione prevista) aumenta.

Ora voglio rivelare un segreto: non ci sono schemi ideali su un grafico live. Tutti i modelli tendono ad essere storti, ma i lettori di solito non ne sono avvisati. Ecco perché, dopo aver studiato un paio di manuali sul trading per principianti, non riesci ancora a trovare praticamente alcun modello che assomigli a quello che hai visto nel libro, perché il mondo reale non corrisponde alle teorie dei libri di testo.

Pertanto, preferisco mostrarti gli schemi su grafici reali. Successivamente, voglio avvertirti che è improbabile incontrare un modello HaS nella sua manifestazione più ideale sulla carta. Di norma, le spalle potrebbero non essere uguali e la scollatura potrebbe essere inclinata.

Ma la domanda chiave rimane aperta: se vediamo un diagramma HaS sul grafico, come possiamo capire fino a che punto il mercato scenderà dopo che sarà completato? È semplice! Misuriamo la distanza dalla testa alla scollatura e abbassiamo questa altezza dall'interruzione della scollatura.

A tal fine, Tradingview ha uno strumento speciale chiamato "Price range" (Fascia di prezzo). Ad esempio, l'altezza del modello Head and Shoulders è del 10%. Cosa significa questa cifra? Mostra fino a che punto il mercato "inclinerà" nel prossimo futuro. In questo caso, stiamo parlando di un'inversione di una tendenza al rialzo, quindi il mercato scenderà del 10%.

Ed *ecco uno dei miei consigli top-secret*:

Non utilizzare mai l'altezza esatta del modello per la previsione, è meglio prendere il 70% di questo modello. Quindi, se l'altezza del modello è del 10%, puntiamo al 7% di un'inversione rispetto all'altezza originale. Il 7% è il nostro obiettivo per la presa del profitto.

Un'altra sfumatura riguarda la misurazione dell'altezza di un modello: se dovremmo misurarlo dal punto più alto di un corpo reale o dal punto più alto di un'ombra superiore. Se le ombre non sono alte, intendo che non superano più volte l'altezza del candlestick, dovremmo misurare dal punto più alto delle ombre superiori. Se sono troppo alti, non li prendiamo in considerazione.

Head and Shoulders Inverso

Questo schema di inversione si forma sul grafico solo durante una tendenza al ribasso. È un riflesso specchio dei modelli Head and Shoulders. Ha anche una testa, una spalla sinistra e una spalla destra, ma sono disposte a testa in giù.

L'altezza di questo modello viene misurata anche dal livello della scollatura al punto più alto nella parte superiore della testa.

Double Top

Questo modello di inversione di tendenza si verifica spesso sul grafico. Un Double Top è, forse, il modello più diffuso dopo Head and Shoulders. Si forma solo durante la tendenza rialzista. Il modello è caratterizzato da due picchi consecutivi di prezzo situati su un livello orizzontale.

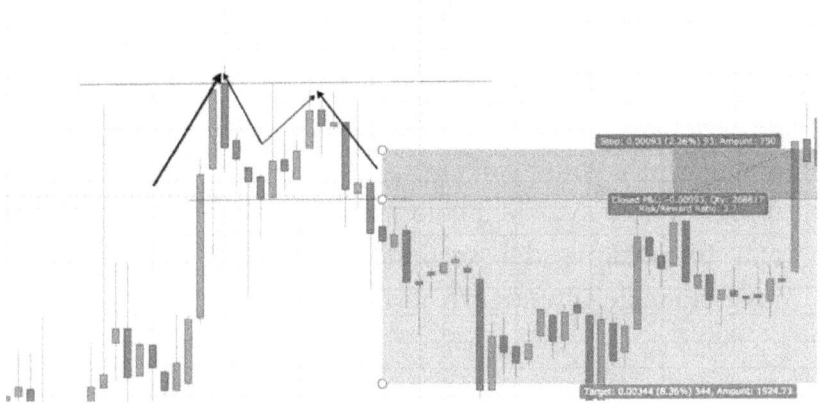

Come possiamo vedere sul lato sinistro del grafico, questo modello ha due picchi e sono allo stesso livello. Si ritiene che il modello abbia completato la sua formazione quando i prezzi di chiusura superano il livello di declino (il livello di scollatura nel modello HaS). Di norma, la formazione del secondo picco è accompagnata da un volume commerciale inferiore, ma il volume aumenta al momento della rottura. Ciò testimonia un cambiamento di tendenza quando la fase di crescita è seguita dalla fase di declino. Il livello minimo al quale il prezzo scenderà dopo la ripartizione è anche determinato in base alla sua altezza. Per fare ciò, misuriamo la distanza dal picco del pattern al suo livello di supporto e quindi spostiamo questa altezza dal breakpoint verso il basso. Il target del modello Double Top è mostrato sul lato destro del grafico.

Double Bottom

Questo modello è un riflesso speculare del modello Double Top. Mentre Double Top si forma durante la tendenza al rialzo, Double Bottom si forma durante la tendenza al ribasso. La prima figura assomiglia alla lettera "M", mentre la seconda assomiglia alla lettera "W."

Questo modello può dare molti falsi segnali. Pertanto, determina la forza di questo modello prima di effettuare gli ordini. Qui, il volume degli scambi è importante anche quando il prezzo aumenta. Se il volume degli scambi aumenta insieme alla formazione del secondo picco, ciò indica una vera inversione della tendenza al ribasso.

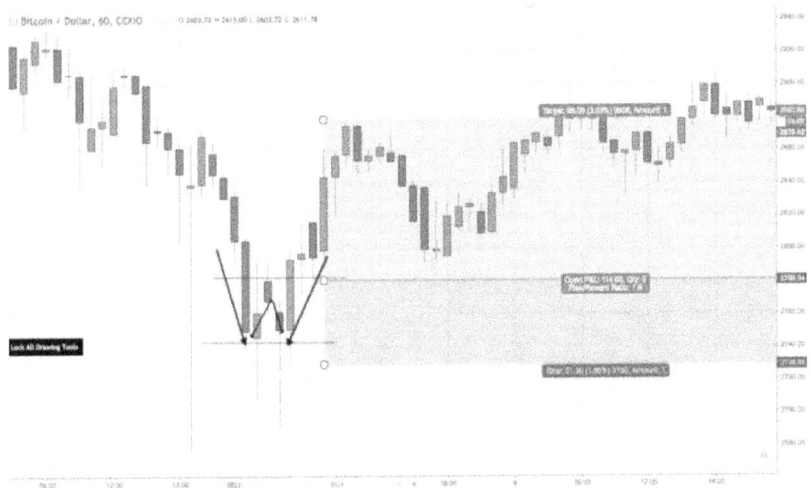

Il grafico mostra che c'è stata una tendenza al ribasso nel mercato ma si è invertita dopo la formazione del modello Double Bottom. Per la successiva previsione del prezzo, misuriamo anche l'altezza del modello e otteniamo la percentuale del suo target. Ci dirà la fascia di prezzo per la presa di profitto.

Triple Top

La differenza in questo modello dal Double Top è che ha tre picchi, non due. Assomiglia molto al modello Head and Shoulders ma a differenza dell'HaS, tutti e tre i suoi picchi di prezzo sono allo stesso livello. Ognuno dei tre picchi dovrebbe essere accompagnato da una diminuzione del volume degli scambi. Il modello è considerato completato quando i prezzi superano il livello di declino con un aumento di volume concomitante. Per ottenere previsioni sui prezzi, misuriamo anche l'altezza di questo modello (dal picco al livello di supporto) e quindi spostiamo il valore ottenuto dal punto di interruzione verso il basso.

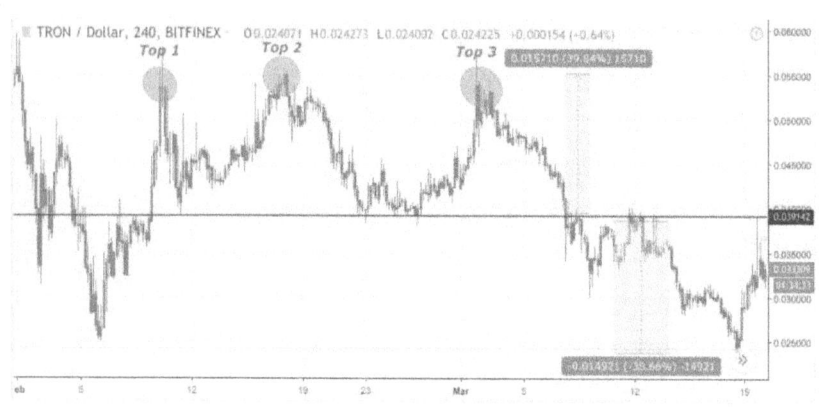

Triple Bottom

Questo modello è un riflesso speculare del modello Triple Top con l'unica differenza che il volume, come fattore di conferma, è più importante quando scoppia il prezzo.

Il modello Triple Bottom è considerato affidabile nel trading. Tuttavia, ci vuole molto tempo per formarsi, quindi spesso un trader esaurisce la pazienza prima che si formi. Tutti e tre i minimi di prezzo di questo modello sono uguali e la loro formazione a volte richiede diversi mesi. Pertanto, se vuoi vedere questo modello, cerca le monete con una lunga tendenza al ribasso.

Abbiamo completato la revisione dei modelli. Voglio far notare che non è necessario ricordare i nomi di tutti questi schemi. La cosa principale è cercare di capire dove la tendenza potrebbe invertirsi. Per fare ciò, monitorare l'aggiornamento dei massimi e minimi. Dopotutto, non appena i minimi e gli alti non cambiano, un diagramma inizia ad apparire sul grafico.

Modelli di continuazione del trend

Ora procediamo ad esaminare i *modelli di continuazione del trend*.

Questi modelli sono più brevi e non ci dicono di una rottura della tendenza ma mostrano un piccolo periodo di consolidamento o una pausa, dopo di che il prezzo continuerà a muoversi nella stessa direzione, cioè la tendenza non cambierà.

Triangolo

Il primo modello a cui presteremo particolare attenzione in questa categoria è, ovviamente, un triangolo. Ogni trader in ogni mercato ha familiarità con questo modello. È di base per l'analisi tecnica e, forse, è quello osservato più spesso nei grafici. Voglio menzionare che tutti i triangoli sono classificati come modelli di continuazione delle tendenze, ma personalmente li considero "modelli non di tendenza" o "modelli di incertezza".

Immagino che stai alzando le sopracciglia per la sorpresa. Spiegherò.

Nel loro processo di formazione sul mercato, i triangoli accumulano volume e volatilità, formando una sorta di molla. All'inizio di questo modello, vediamo l'impulso principale sul grafico, dopo di che la volatilità inizia a diminuire. Prima o poi uno dei livelli sul grafico - resistenza o supporto - verrà violato da un modello. Pertanto, personalmente, vedo un triangolo come un modello incerto perché dopo la formazione di un modello, il prezzo può continuare la tendenza esistente o invertire il mercato.

Esistono tre tipi di triangoli:

- Simmetrico.
- Ascendente.
- Discendente.

Tutti questi triangoli sono di forma diversa e, di conseguenza, indicano diversi movimenti del mercato. Diamo uno sguardo in dettaglio a ciascuno di essi.

Triangolo Simmetrico

È il tipo di triangolo più frequentemente osservato nel mercato. Consiste in due linee di tendenza convergenti con un prezzo compreso tra di esse. La linea superiore del modello cade e la linea inferiore sale. Il modello è considerato completo quando il prezzo di chiusura è fissato al di fuori di una delle due linee.

Per misurare un triangolo simmetrico, prendi l'altezza della sua base e appoggialo verticalmente rispetto al punto di interruzione del modello.

È il triangolo simmetrico che considero il più insidioso in quanto è difficile determinare se il prezzo salirà o scenderà dopo aver rotto questo schema. Per rendere le mie previsioni più precise, io, come in tutti gli altri casi, utilizzo il volume. Se il movimento al rialzo del prezzo è accompagnato da un aumento del volume, prevedo il breakout. E viceversa, se il movimento al ribasso dei prezzi è accompagnato da un aumento del volume, è più probabile che si verifichi il breakdown. Tuttavia, si verificano anche situazioni non standard.

Ad esempio, il tuo triangolo simmetrico viola la linea di tendenza superiore, facendoti comprare monete, ma poi la molla è tornata in un triangolo, ha formato un picco e ha iniziato a cadere rapidamente. Cos'è successo? La zona superiore del triangolo è stata regolata, quindi quello che hai chiamato violazione è stato un falso breakout. Il fatto è che non abbiamo un livello chiaro che un prezzo può attraversare; abbiamo una molla, i cui punti più alti e più bassi possono essere regolati. Pertanto, nel nostro esempio, il prezzo si è invertito e si è ridotto fino all'altezza del triangolo. Se non si chiude la posizione in tempo, si perde denaro.

Triangolo Ascendente
Il triangolo ascendente (così come un triangolo discendente) è considerato un tipo di triangolo simmetrico. Ma tutti differiscono in modo significativo. Il triangolo ascendente è considerato un modello rialzista, il triangolo discendente - ribassista, mentre il triangolo simmetrico è ritenuto neutro.

Il triangolo ascendente si forma su un trend rialzista. Di norma, questo modello si forma vicino a un forte livello di resistenza, prevedendone il breakout. In questo triangolo, il prezzo viene compresso tra la linea di tendenza superiore orizzontale (livello di resistenza) e la linea di tendenza inferiore che sale in diagonale.

Il triangolo ascendente si considera formato quando il prezzo si chiude oltre il livello di resistenza. Misuriamo l'altezza della base del triangolo e la posiamo dal punto di breakout. Ma non dimenticare che un breakout deve essere accompagnato da un forte aumento del volume. Con i successivi cali di prezzo, il livello di resistenza superiore dovrebbe trasformarsi in un livello di supporto.

Triangolo Discendente
A differenza del modello precedente, il triangolo discendente si forma su una tendenza discendente vicino a un livello di supporto forte. Questo modello ha una linea di tendenza inferiore orizzontale, mentre la linea di tendenza superiore diminuisce in diagonale.

La formazione di questo modello si completa con una suddivisione nella linea orizzontale inferiore. Per misurare una figura, è necessario prendere l'altezza della base del triangolo e poi distenderla dal punto di rottura verso il basso.

In questo grafico, il triangolo discendente ha raggiunto un obiettivo come modello di continuazione del trend. Tuttavia, sebbene il triangolo discendente si formi solitamente durante una tendenza al ribasso, a volte si presenta anche ai vertici del mercato.

Abbiamo considerato tutti i tipi di triangoli, ognuno dei quali ha le sue caratteristiche, ma ci sono un certo numero di punti tipici di tutti i triangoli senza eccezioni:

1. Ci devono essere almeno cinque onde in un triangolo classico. Se un triangolo rompe il livello prima che si formino tutte le onde, è improbabile che il prezzo abbia abbastanza forza per muoversi in una certa direzione.

2. Il volume degli scambi e il prezzo all'interno del modello possono aiutare a prevedere una rottura in un triangolo. Ad esempio, se il prezzo all'interno del triangolo si è invertito prima di raggiungere una delle

linee di tendenza, è probabile che il prezzo interrompa la linea di tendenza opposta non appena lo raggiunge.
3. Se fai trading manualmente, effettua un ordine di mercato quando una candela, che ha spezzato la linea di tendenza del triangolo, si chiude oltre i suoi limiti.

Flag

Questo modello segna una breve pausa nella tendenza esistente. Il modello di bandiera(Flag) può formarsi sia in rialzo che in ribasso. Di norma, la formazione di questo modello è preceduta da una linea ripida e quasi retta di movimento dei prezzi. Il mercato sembra correre molto più avanti di sé e quindi dovrebbe riposare per un po'. Successivamente, il prezzo continuerà a muoversi nella stessa direzione.

Il modello di bandiera si forma tra due linee di tendenza parallele che tendono ad inclinarsi contro la tendenza prevalente. Durante la tendenza rialzista, la bandiera si sposta verso il basso; durante la tendenza al ribasso, si sposta verso l'alto. Dopo che si è formato questo modello, il prezzo dovrebbe coprire nella stessa direzione la distanza uguale all'altezza del pennone del modello.

Per confermare la formazione del modello di bandiera, utilizzo lo stesso volume consacrato dal tempo. Dovrebbe crescere durante la pausa prevista.

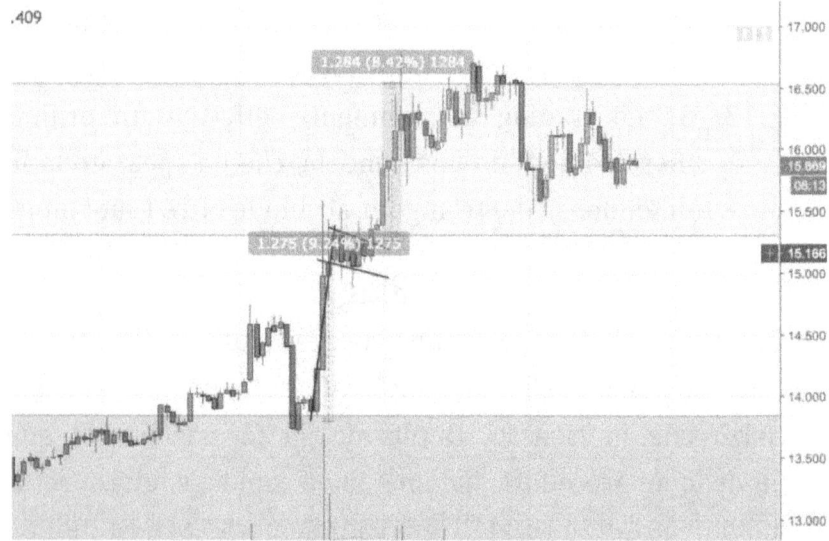

Cosa vediamo in questo grafico? Osserviamo il movimento direzionale del mercato - un'asta - come un forte impulso, seguito da un piccolo movimento orizzontale dei prezzi. Come possiamo prevedere il movimento del mercato durante questo modello? Misuriamo l'altezza di un'asta e lasciamo perdere il 70% di questa altezza verso l'alto. Perché verso l'alto? Perché la bandiera è un modello di continuazione del trend e il nostro grafico mostra la tendenza al rialzo.

Rivelerò anche la mia osservazione personale riguardo a questo modello.

Se dopo due flag di fila si nota la formazione immediata del terzo sul grafico (e lo si vede abbastanza spesso), tenere presente che il terzo flag è sempre falso.

Cioè se una bandiera si è formata sul tuo grafico, ha colpito il bersaglio (quindi abbiamo la seconda bandiera), ma dopo vediamo la formazione della terza bandiera, dobbiamo capire che è falsa e, quindi, non raggiungerà il bersaglio.

Pennant

Questo modello (come Flag) è tra i modelli di continuazione del trend più affidabili. Il pennant è costituito da un'asta e due linee di tendenza convergenti. Il modello ricorda un piccolo triangolo simmetrico, che si erge su un'asta e si forma in una graduale riduzione significativa del volume degli scambi.

Un Pennant, come una Flag, è un modello a breve termine in quanto la sua formazione dura da una a tre settimane. Come nella bandiera, all'inizio c'è un forte impulso nel pennant (aumento dei prezzi). È il modo in cui si forma un'asta del modello. Poi c'è una pausa, seguita dalla continuazione di un movimento dei prezzi. Il modello si considera formato quando il prezzo interrompe la linea di tendenza superiore durante una tendenza al rialzo e la linea di tendenza inferiore durante una tendenza al ribasso.

Dobbiamo confermare la genuinità di questo modello (come nel caso di tutti gli altri modelli) con il volume degli scambi, che dovrebbe aumentare durante una pausa. Ma ricorda che l'aumento del volume è più importante per confermare il breakout piuttosto che il breakdown.

Cuneo

Questo modello è spesso confuso con triangolo e pennant, quindi lasciatemi spiegare le differenze tra essi.

A differenza del Triangolo, entrambe le linee di tendenza del motivo a Cuneo sono dirette orizzontalmente verso l'alto o verso il basso. Il Cuneo è più allungato nella direzione del movimento, verso l'alto o verso il basso, e il Triangolo è allungato. Per quanto riguarda Pennant, ha un'asta su cui avviene il consolidamento. Se aggiungi un'asta al motivo a Cuneo, esso si trasformerà in motivo a Pennant.

I cunei possono segnalare inversioni dei prezzi rialzista o ribassista, cioè possono formarsi sia in rialzo che in ribasso.

In effetti, ci sono molti altri motivi grafici nell'analisi tecnica, ad esempio Saucer, Cup with Handle, Diamond, ecc. Ma compaiono nei grafici così raramente che ho deciso di non concentrarmi su di loro in questo libro.

Tutti i modelli possono essere analizzati su diversi intervalli di tempo, ma tu controlla sempre a intervalli più piccoli. Quindi, se vedi un triangolo magnificamente formato su 4 ore sebbene sia assente su una scala di 1 ora, non avere fretta di fare previsioni.

In generale, un grafico di ogni criptovaluta (specialmente Bitcoin) è affollato con vari schemi. Devi solo imparare a distinguerli e disegnare correttamente. Questo verrà con la pratica. Disegna i motivi in Tradingview, quindi eliminali e ricomincia da capo. Ci farai la mano a forza di ripeterli.

Compiti a casa

1) Disegna in Tradingview due esempi di triangoli che indicano il livello dell'interruzione, il punto di ingresso e il target.
2) Disegna due esempi di schemi di inversione che indicano il livello di interruzione, il punto di ingresso e il target.
3) Disegna due esempi di modelli di continuazione del trend che indicano il livello dell'interruzione, il punto di ingresso e il target.

CAPITOLO 7. ANALISI MEDIANTE COMPUTER

L'analisi tecnica nel trading non riguarda solo livelli di supporto e resistenza, linee di tendenza, canali e schemi. Comprende anche metodi matematici che utilizziamo per costruire indicatori che, a loro volta, fungono da filtri per determinare le proprietà del mercato. È una sorta di calcolo matematico: "Ecco come si comporta il prezzo." Gli indicatori tecnici aiutano i trader a non legarsi ai nodi sul flusso informativo del grafico dei prezzi. Sistematizzano tutti i dati e suggeriscono se il mercato è ipercomprato o ipervenduto adesso, se dovremmo aprire o chiudere una posizione.

In altre parole, se non utilizzi alcun indicatore durante l'analisi tecnica, sei un trader strano. Dopotutto, gli indicatori non sono solo strumenti aggiuntivi nell'elenco della tua terminologia di trading, ma semplificano notevolmente la tua vita. Ogni indicatore è stato sviluppato da qualcuno che ha trasformato matematicamente il flusso dei prezzi in modo tale che sarebbe più facile per te analizzare un grafico e prendere le giuste decisioni di trading.

Tuttavia, non è tutto così facile come sembra. I segnali degli indicatori si rivelano spesso falsi. Allora come possiamo fidarci? Non concentrarsi su un indicatore e confermare sempre il segnale di un indicatore con gli altri. Ad esempio, se la media mobile ti dice ora che è il momento migliore per vendere, non avere fretta, attendi la corrispondente conferma dagli oscillatori (una sorta di indicatori, di cui parleremo più avanti).

Anche la scelta dell'indicatore giusto è importante. Indicatori diversi possono essere adatti per ogni mercato e persino per ogni strumento negoziato (nel nostro caso, criptovaluta). Gli indicatori funzionano in modo diverso su periodi diversi. Ad esempio, se un certo indicatore genera segnali bene sul diagramma D1, si troverà attraverso i denti su 1H. Ci sono leading indicators (indicatori principali) e confirming indicators (di conferma). Gli indicatori principali anticipano il grafico dei prezzi e segnalano in anticipo l'acquisto o la vendita, mentre gli indicatori di conferma confermano l'attuale tendenza del mercato.

Pertanto, amici miei, non chiedetemi quale indicatore funziona meglio. Provate diversi indicatori con valute diverse e in tempi diversi con il metodo di prova ed errore.

Tutti gli indicatori tecnici sono divisi in tre tipi:

- Indicatori di tendenza (SMA, EMA, WMA, Ichimoku Cloud, ecc.) che identificano la probabile direzione del prezzo, ovvero la presenza di un particolare trend.
- Gli oscillatori (RSI, MACD, stocastico, ecc.) che identificano il probabile punto di inversione del grafico dei prezzi (possono essere tendenziali e piatti),

definiscono zone ipercomprate e ipervendute, aiutando a decidere quando aprire la posizione.
- Indicatori di volume che identificano il volume del mercato in un determinato momento.

Indicatori di tendenza

Tutti gli indicatori di tendenza sono progettati per identificare le condizioni del mercato. Essi infatti:

- Determinano la presenza e la direzione della tendenza.
- Generano segnali di trading.
- Sono usati come supporto dinamico e livelli di resistenza.

Nonostante i vantaggi di questi indicatori, non dimenticare che sono leggermente in ritardo, quindi quando ricevi un segnale dall'indicatore di tendenza, attendi la conferma dall'oscillatore.

E ora approfondiamo gli indicatori di tendenza più conosciuti.

Media Mobile (Moving Average)

La media mobile semplice (SMA) è l'indicatore di tendenza più comune. Fornisce un prezzo medio di uno strumento negoziato in un determinato periodo di tempo e identifica la tendenza principale. Sembra una linea retta sul grafico.

Una media mobile semplice o aritmetica viene calcolata sommando i prezzi di chiusura recenti di uno strumento negoziato in un determinato numero di periodi di tempo (ad esempio, 12 ore) e quindi dividendo tale somma per il numero di periodi di tempo. La formula standard è la seguente:

SMA = SOMMA (chiudi (i), N / N, dove *SOMMA* è la somma, *chiudi (i)* è il prezzo di chiusura del periodo di tempo corrente, *N* è il numero di periodi di calcolo.

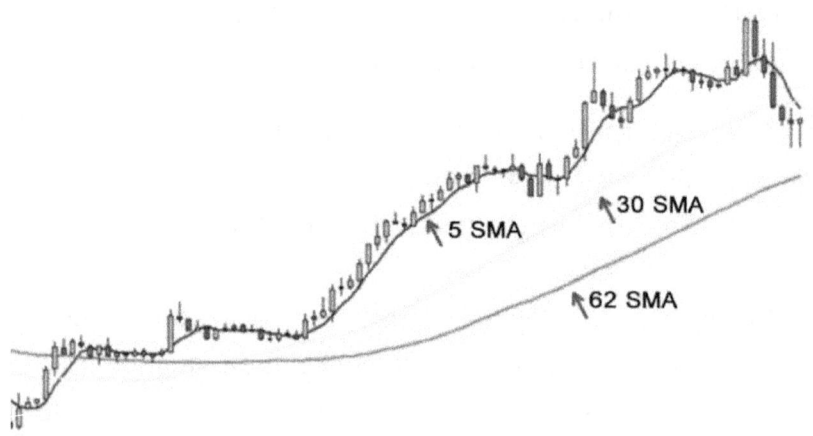

Ad esempio, abbiamo 12 candele giapponesi. Aggiungiamo tutti i prezzi di chiusura di queste 12 candele dividiamo per 12. Pertanto, calcoliamo la media del prezzo sul grafico, in ciascun punto in cui il prezzo verrà presentato per un determinato periodo di tempo. Questo intervallo di tempo è chiamato periodo di media mobile (moving average period).

Tutte le medie mobili sono in ritardo perché calcoliamo la media del prezzo. Se il prezzo sul tuo grafico sale o scende bruscamente, questo indicatore reagirà ma riceverai questo segnale con un ritardo.

Esistono tre tipi principali di medie mobili:

- SMA (Simple moving average) Media Mobile Semplice.
- EMA (Exponential moving average) Media Mobile Esponenziale.
- WMA (Weighted moving average) Media mobile Ponderata.

Cosa li distingue l'uno dall'altro?

La *Media Mobile Semplice* applica lo stesso peso a tutti i punti dati.

La *Media Mobile Esponenziale* attribuisce maggior peso e significato ai punti dati più recenti. Ciò significa che posiziona il significato a partire dall'ultima barra.

Media Mobile Ponderata. Mentre il significato delle barre diminuisce più uniformemente nella media mobile esponenziale, l'importanza delle barre diminuisce in modo più pronunciato nella media mobile ponderata in quanto dà importanza alle diverse barre.

Qual è la strategia di trading più popolare utilizzando la media mobile?

Quando il prezzo supera la media mobile, è un segnale di acquisto. Quando resta al di sotto, è un segnale di vendita. Quindi acquistiamo, quando il prezzo di chiusura è superiore a MA; e vendiamo, quando il prezzo di chiusura è inferiore a MA.

Nella piattaforma Tradingview, puoi trovare la media mobile (così come tutti gli altri indicatori) nella sezione "Indicatori" sulla barra superiore degli strumenti.

Se vuoi ricorrere all'aiuto di una media mobile durante il trading, allora devi imparare come scegliere il periodo di tempo giusto, che genererà un minimo di falsi segnali. È una questione di pratica.

E ora consideriamo un esempio di medie mobili sul grafico.

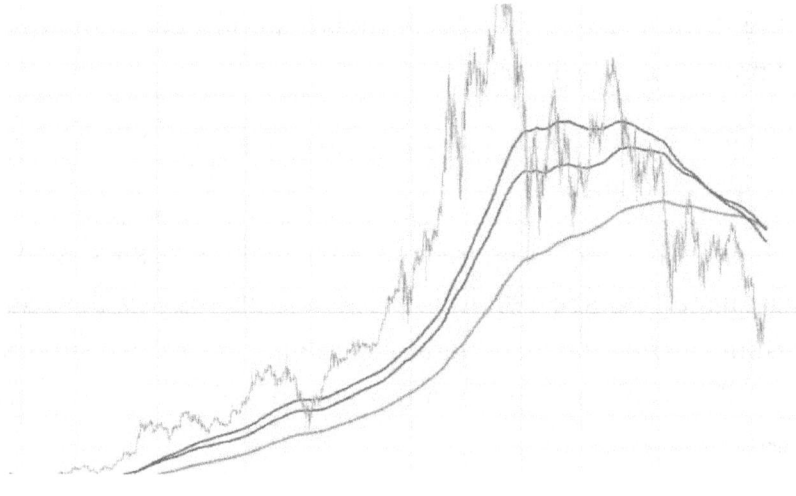

La linea più bassa su questo grafico è una media mobile semplice, la linea centrale è una media mobile esponenziale e la linea superiore è una media mobile ponderata.

Tutti i tipi di medie mobili possono essere utilizzati in diversi intervalli di tempo. Dipende dalla tua strategia di trading e se sei un investitore a lungo termine o uno scalp trader. Lo scalping è una tecnica di investimento che sfrutta le variazioni repentine di prezzo delle azioni.

Ichimoku Cloud

L'indicatore tecnico Ichimoku Kinko Hyo (Ichimoku Cloud) è stato sviluppato negli anni '30 dall'analista giapponese Goichi Hosoda, che utilizzava lo pseudonimo di Ichimoku Sanjin. Ha inventato questo indicatore per prevedere il movimento dell'indice azionario giapponese Nikkei. L'analista ha migliorato il suo indicatore per oltre trent'anni e ha reso pubblici i risultati negli anni '60.

La Nuvola di Ichimoku (Ichimoku Cloud) comprende 5 linee, simili a medie mobili, con nomi esotici:

1. Tenkan-sen (la cosiddetta "Linea di Conversione"; è il punto medio della gamma high-low di 9 giorni).
2. Kijun-sen (differisce da Tenkan-sen per il valore dell'intervallo di tempo).
3. Senkou Span A (è il punto medio delle linee Tenkan-sen e Kijun-sen).
4. Senkou Span B (un'altra media mobile con un periodo ancora più lungo).

5. Chikou Span (costruito dai prezzi di chiusura).

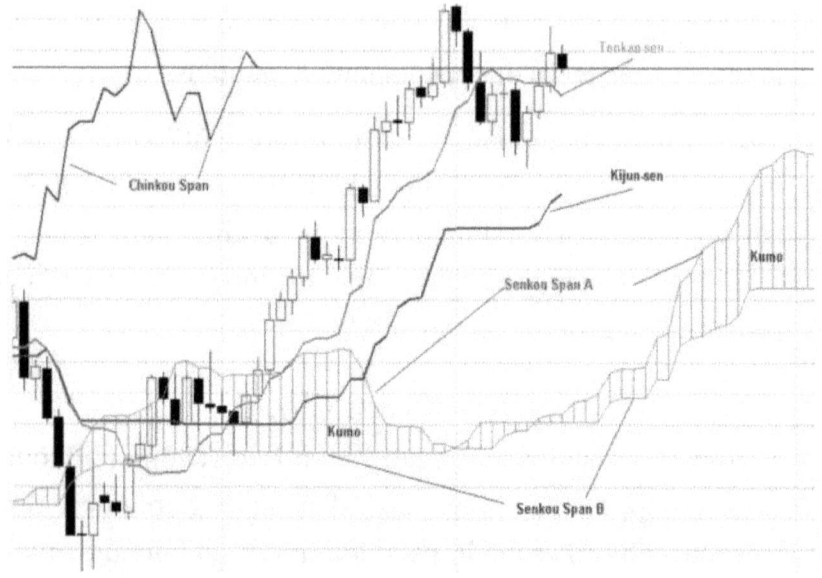

Quando si intersecano, queste 5 linee formano un tipo di zona che chiamiamo "nuvola." Le nuvole sono di due tipi: rosso e blu. Le nuvole rosse si formano quando Senkou Span A è sopra la linea Senkou Span B. Le nuvole blu si formano quando la linea Senkou Span B si trova sopra la linea Senkou Span A.

L'indicatore Ichimoku è uno strumento complesso e combina diverse strategie di analisi del mercato. È progettato per identificare tendenze, livelli di supporto e resistenza e generare segnali di acquisto o vendita.

Quindi, in che modo l'indicatore Ichimoku genera segnali per i trader?

1. Un segnale di tre linee (tre linee sono costruite in base alla volatilità, dalla più volatile alla meno volatile, ovvero dalla tendenza a breve a quella a lungo termine. Se si allineano dall'alto verso il basso, abbiamo una tendenza al rialzo; se dal basso verso l'alto - una tendenza al ribasso).

2. Un segnale di attraversamento delle linee (se Tenkan-sen attraversa Kijun-sen dal basso verso l'alto, è un segnale di acquisto; se Tenkan-sen attraversa Kijun-sen dall'alto verso il basso, è un segnale di vendita).

3. Segnale formato da una combinazione di linee indicatrici e grafico dei prezzi (ricorda che, poiché le linee indicatrici calcolano la media del prezzo, sono meno volatili rispetto al grafico dei prezzi e pertanto il grafico dei prezzi genererà segnali).

4. Segnale Chikou Span (se questa linea attraversa il grafico dal basso verso l'alto, è un segnale di acquisto; se attraversa dall'alto verso il basso, è un segnale di vendita).

5. Un segnale di nuvole di indicatori (se il prezzo è al di sopra delle nuvole, abbiamo una tendenza al rialzo; se il prezzo è al di sotto delle nuvole, abbiamo una tendenza al ribasso; mentre il prezzo nel cloud stesso indica il mercato piatto).

Consideriamo ora un esempio di un segnale generato dall'indicatore Ichimoku.

Questo grafico mostra un segnale ribassista. Il prezzo attraversa le linee dell'indicatore dall'alto verso il basso, quindi riceviamo un segnale di vendita. Nel caso in cui speculi per la caduta, puoi mantenere una posizione corta fino a quando il prezzo non attraversa, ad esempio la linea Kijun-sen. Chiudere la posizione quando il prezzo attraversa la stessa linea nella direzione opposta.

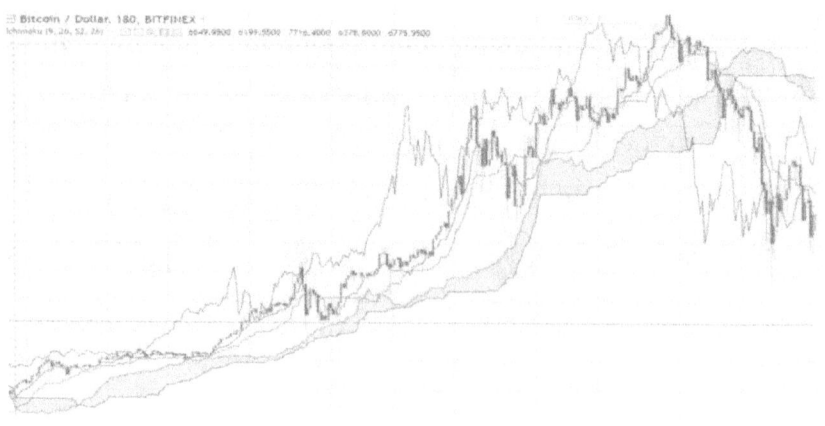

Questo grafico mostra tre linee dell'indicatore, che fungono da supporto aggiuntivo e livelli di resistenza. Con l'aiuto del cloud possiamo anche determinare che abbiamo una tendenza al rialzo, quindi una volta che notiamo che le linee si formano nell'ordine corretto (cioè quando la loro volatilità diminuisce), comprendiamo che possiamo aggiungere posizioni quando rimbalzano da questi livelli.

Nella parte superiore del grafico vediamo l'intersezione del cloud, che indica che la tendenza termina, quindi è necessario chiudere le posizioni.

Cosa c'è di buono nell'indicatore Ichimoku? Se una media mobile prende i prezzi di chiusura dei candlestick per un certo periodo di tempo e si divide, per esempio, per 5, l'indicatore Ichimoku è costruito su prezzi alti e bassi, cioè prende l'intero candlestick con le sue ombre.

Ad esempio, come abbiamo già detto, la linea Tenkan-sen è costruita come punto medio dell'intervallo high-low di 9 giorni. La formula è la seguente (H9 + L9) / 2. Questa linea definisce una tendenza a breve termine.

Se la situazione del mercato cambia drasticamente, la linea Tenkan-sen reagirà ad essa poiché tiene conto dell'intero candlestick con le ombre, non solo del prezzo di chiusura. Ciò distingue la linea di questo indicatore da una semplice media mobile, che è sempre in ritardo. Questo rende unico l'indicatore Ichimoku: non calcola la media del prezzo, ma prende tutta la volatilità del mercato e ci fornisce una valutazione della situazione attuale.

Infine, voglio far notare che sebbene l'indicatore Ichimoku Cloud sia un potente strumento per un trader, non dovresti considerarlo come una panacea. Usalo insieme ad altri indicatori e oscillatori.

Indicatore Alligator

Nonostante il suo terribile nome, l'indicatore Alligator è popolare tra i trader di tutto il mondo. È stato sviluppato da Bill Williams, un pioniere della teoria del caos.

Questo indicatore è una combinazione abituale di tre medie mobili livellate (SMMA - Smoothed Moving Average -Media Mobile Livellata) impostate a 13, 8, 5 periodi e spostate rispettivamente di 8, 5 e 3 bar.

Le tre medie mobili hanno il loro nome:

- Mascella dell'Alligatore (Jaw of the Alligator).
- Denti dell'Alligatore (Teeth of the Alligator).
- Labbra dell'Alligatore (Lips of the Alligator).

Quale pensi sia il più volatile? La risposta corretta è Labbra. La media mobile Labbra dell'Alligatore genererà il maggior numero di segnali. Come determinare la linea più volatile? È semplicissimo. Questa linea è quella più vicina al prezzo. Le Labbra dell'Alligatore (3a linea) iniziano con la SMMA a cinque barre; i Denti dell'Alligatore (2a linea) iniziano con la SMMA a otto barre; e la Mascella dell'Alligatore (1a linea) inizia con SMMA a 13 barre.

Quando le tre linee si incrociano, in quel momento l' **alligatore dorme** . E più dura il sogno, più diventa affamato. Se vogliamo usare un linguaggio matematico, l'incrocio a lungo termine delle medie mobili è il consueto consolidamento dei prezzi.

Dopo che l'Alligatore ha dormito abbastanza, iniziano a succedere cose "interessanti". La prima cosa che fa dopo essersi svegliato è aprire la bocca é **sbadigliare**. Poi sente l'odore della preda (un orso o un toro) e inizia a cacciarla. Dopo aver mangiato abbastanza, l'Alligatore perde l'interesse per il cibo, quindi le linee dell'indicatore si incrociano di nuovo (è tempo di incassare il profitto). Dal punto di vista dell'analisi tecnica, è una normale interruzione di un intervallo di negoziazione, la cui forza dipende dalla durata del consolidamento.

Quando tutte le linee dell'Alligatore si uniscono, abbiamo un piatto. Non appena le linee si separano (Alligator si sveglia), dovremmo aprire la posizione.

Questo indicatore funziona molto poeticamente. Tuttavia, ho un'osservazione: l'indicatore Alligatore è tecnico su monete volatili e ad alto volume. Se apri il grafico di qualsiasi shitcoin e provi ad applicare questo indicatore, non genererà segnali.

Oscillatori

Come ho già spiegato, l'oscillatore è un tipo di indicatore. Tuttavia, a differenza degli indicatori di tendenza, gli oscillatori possono essere utilizzati non solo durante una tendenza al rialzo o al ribasso, ma anche in mercati piatti. Ogni oscillatore indica le zone di ipercomprato e ipervenduto sul grafico dei prezzi.

Gli oscillatori sono indicatori anticipatori, il che significa che un trader riceve un segnale di acquisto o di vendita ancor prima che sia visibile sul grafico. Inoltre, gli oscillatori dimostrano convergenza e divergenza (convergenza e divergenza del grafico indicatore con il grafico dei prezzi).

Gli oscillatori hanno guadagnato popolarità tra i trader grazie alla semplicità della loro creazione e utilizzo.

RSI

L'Indice di Forza Relativa (Relative Strength Index - RSI) è forse l'oscillatore più conosciuto. È stato sviluppato dall'ingegnere americano Welles Wilder nel 1978.

RSI è un indicatore tecnico diffuso e utile che mostra quanto il prezzo sta cambiando nella direzione del suo movimento. Trasforma il prezzo in percentuale, indicando in tal modo zone ipercomprate (sotto il 30%) e zone ipervendute (sopra il 70%).

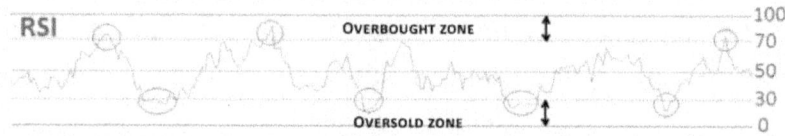

Perciò, i valori RSI del 30% o minori vengono interpretati come indicatore di una condizione di ipervenduto, mentre valori RSI del 70% o maggiori indicano che il titolo è ipercomprato. Quando il prezzo dalla zona di ipercomprato entra nella zona neutra, è un segnale di vendita; quando il prezzo dalla zona di ipervenduto entra nella zona neutra, è un segnale di acquisto.

Ecco un elenco di segnali che questo oscillatore genera:

- Zona di ipercomprato / ipervenduto: quando il valore dell'oscillatore RSI è più vicino al 100% o 0%, rispettivamente.
- Divergenza: quando il grafico dell'indicatore forma estremi nella direzione opposta alla direzione del movimento dei prezzi.
- L'andamento dell'indicatore di solito coincide con l'andamento del grafico dei prezzi fino ad uno dei casi di cui sopra.

La convergenza o divergenza dei grafici dei prezzi e degli indicatori è un metodo per determinare la fine dell'andamento del mercato. Di solito, dopo tali segnali, il prezzo va nella direzione dell'oscillatore.

CCI

L'Indice del Canale Commodities (Commodity Channel Index - CCI) è un indicatore tecnico basato su un'analisi della variazione attuale della deviazione del prezzo dal suo valore medio per un certo periodo e dal valore statistico medio di questo parametro. È stato ideato per identificare svolte cicliche nel mercato delle commodities.

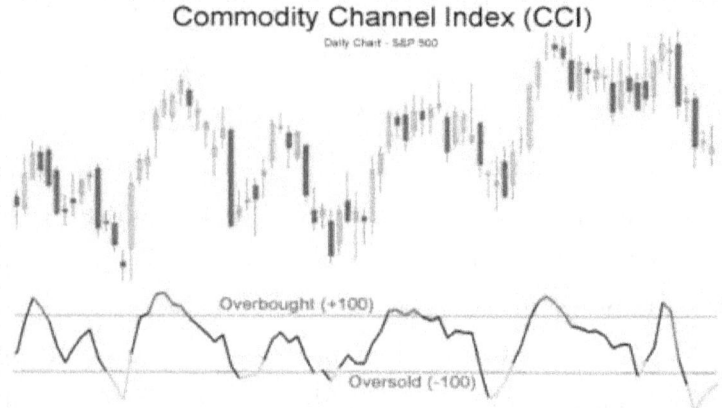

Questo oscillatore, come l'RSI, indica zone ipercomprate e ipervendute sul mercato. Puoi usarlo in diverse strategie. Una strategia classica è quando si fanno degli scambi, quando l'ICC sale al di sopra del 100% o scende al di sotto del 100%. Ciò comporta:

Per posizioni lunghe:

- acquista quando il CCI supera il + 100%.
- vendi quando il CCI scende al di sotto del + 100%.

Per posizioni corte:

- vendi quando il CCI scende al di sotto del -100%.
- acquista quando il CCI supera il 100%.

Alcuni trader consigliano di utilizzare un valore zero come linea di segnale, definendo questa strategia un indicatore Zero CCI:

- Acquista (apri una posizione lunga, chiudi una posizione corta) quando CCI sale sopra 0.

- Vendi (chiudi posizione lunga, apri posizione corta) quando CCI scende sotto 0.

Vediamo un esempio.

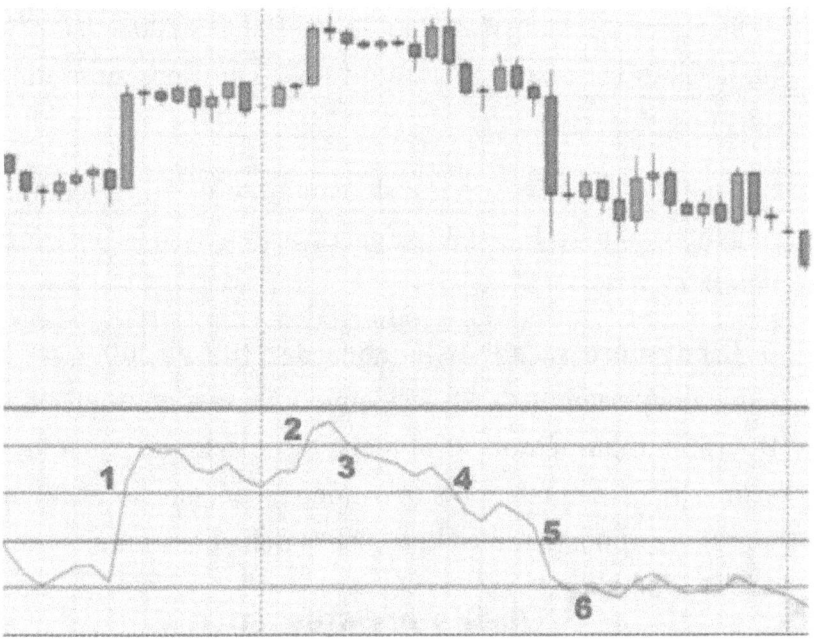

1. L'indicatore CCI si trova nella zona di ipercomprato, cioè tra +100 e +200. È un segno di una forte tendenza al rialzo - un segnale di acquisto.

2. Al di sopra di +200 nella zona di ipercomprato, puoi segnare un'inversione di tendenza precoce. Qui dovresti impostare uno stop-loss o una posizione chiusa, in base al comportamento dei candlestick. Come opzione, puoi attendere che l'indicatore superi +200 nella direzione opposta.

3. Il CCI, caduto dalla zona di ipercomprato, è compreso tra +200 e +100. Vale la pena chiudere lunghe transazioni e prepararsi all'apertura di posizioni in vendita.

4. La curva CCI si è spostata nell'intervallo +100 - 0, il prezzo ha lasciato la zona di ipercomprato. Chiudi posizioni lunghe, apri posizioni corte.

5. Quando il CCI supera il limite zero ed è compreso nell'intervallo da 0 a -100, è necessario aprire le posizioni di vendita.

6. L'indicatore scende nella zona da -100 a -200, ovvero la zona di ipervenduto. Osserviamo una tendenza al ribasso. Dovremmo aumentare il numero di posizioni di vendita allo scoperto. Il segnale di superamento del segno -100 nella direzione opposta indica la chiusura della posizione.

Oscillatore stocastico

L'oscillatore stocastico è un indicatore tecnico che confronta il prezzo di chiusura di un titolo con l'intervallo dei suoi prezzi per un certo periodo di tempo. Si misura in percentuale.

Secondo l'interpretazione dell'autore dell'indicatore George Lane, il prezzo di chiusura del periodo successivo tende a fermarsi vicino ai massimi precedenti durante la tendenza al rialzo; e il prezzo di chiusura del periodo di tempo successivo tende a fermarsi vicino ai minimi precedenti durante una tendenza al ribasso. Pertanto, un oscillatore stocastico presenta la posizione del prezzo di chiusura di un titolo in relazione alla fascia alta e bassa del prezzo di quel titolo per un periodo di tempo.

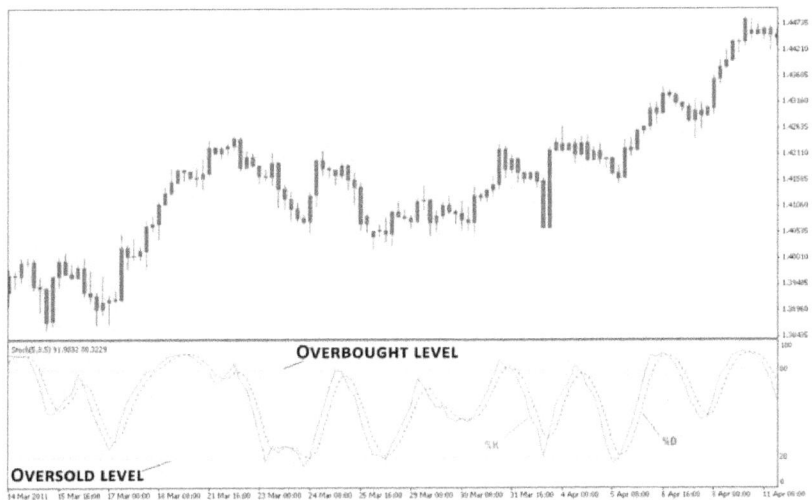

L'oscillatore stocastico ha altre due linee (a parte le zone ipercomprate e ipervendute) all'interno, che funzionano secondo il modo di spostare le medie. Si incrociano e generano segnali.

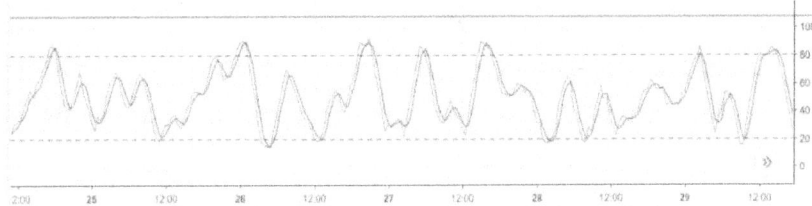

Come fare trading usando l'indicatore stocastico?

- Acquista quando l'oscillatore lascia la zona ipervenduta (superiore al 20%) e vendi quando l'oscillatore lascia la zona ipercomprata (inferiore all'80%).

- Acquista quando la linea veloce (% K) incrocia una linea lenta (% D) dal basso verso l'alto; vendi durante il movimento opposto.
- Identifica le divergenze, ovvero le discrepanze tra oscillatore e grafico dei prezzi.

Personalmente, utilizzo l'indicatore stocastico (e tutti gli altri oscillatori in generale) non per identificare le zone di ipercomprato e ipervenduto, ma per trovare divergenze e convergenze. Per indicarli, uso ad esempio CCI e RSI, mentre in bundle con l'indicatore stocastico vedo l'inversione dei prezzi sul grafico.

MACD

L'Indicatore di Media Mobile Convergenza/Divergenza (MACD) è un indicatore tecnico sviluppato da Gerald Appel. L'indicatore viene utilizzato per verificare la forza e la direzione dell'andamento e per indicare i punti di inversione. Consiste in due medie mobili con periodi di tempo diversi.

Esistono due opzioni per la creazione dell'indicatore MACD: lineare e istogramma. L'indicatore lineare ha la forma di due medie mobili (veloce e lento), mentre l'istogramma ha colonne che mostrano la distanza tra queste linee.

È anche possibile identificare divergenze e convergenze, usando questo indicatore.

Ho una domanda per te: Quale linea in questo grafico genera segnali migliori?

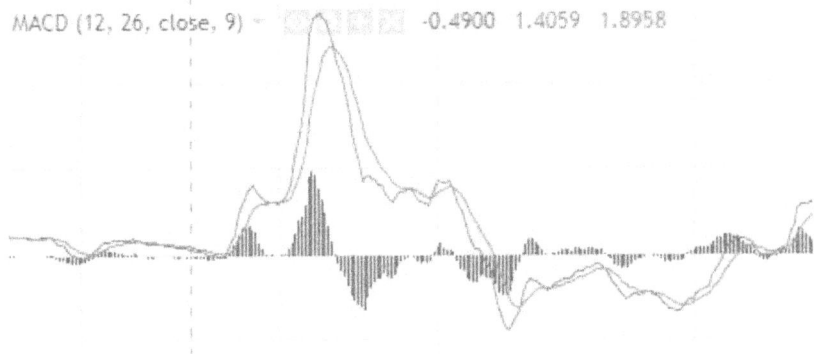

Spero che tu abbia risposto "la prima riga", perché è la risposta corretta.

Attraversare la linea del segnale dal basso verso l'alto è un segnale di acquisto; dall'alto verso il basso è un segnale di vendita. Per quanto riguarda l'istogramma: quando passa da una zona negativa a positiva, è un segnale di acquisto; quando passa da positivo a negativo, è un segnale di vendita. In questo caso, più alte sono le barre, più forte è una tendenza rialzista; più basse sono le barre, più forte è una tendenza ribassista.

E ricorda: questo oscillatore funziona meglio sul mercato piatto e su grandi intervalli di tempo.

Divergenza e convergenza

Abbiamo già menzionato che la divergenza è una discrepanza tra i valori del grafico dei prezzi e dell'indicatore. La convergenza è il termine opposto quando i valori del grafico dei prezzi e dell'indicatore si avvicinano. Ma nonostante le loro differenze, entrambi questi fenomeni sono chiamati divergenze nell'analisi tecnica.

La divergenza è considerato uno dei segnali più affidabili e forti nell'analisi tecnica. Ma non dimenticare che non puoi fare affidamento su un solo indicatore. Anche se conosco un gran numero di trader professionisti che fanno previsioni di mercato e trading usando solo divergenze.

Quindi, ci può essere una divergenza rialzista o ribassista nel mercato. Se il massimo più alto sul grafico non è confermato dal massimo sull'oscillatore, allora stiamo parlando di una divergenza ribassista. Se il minimo inferiore del grafico non è supportato dal minimo dell'oscillatore, abbiamo una divergenza rialzista.

Di norma, la divergenza segnala un indebolimento della tendenza esistente e una possibile forte correzione o inversione. Maggiore è il lasso di tempo, più forte è il segnale.

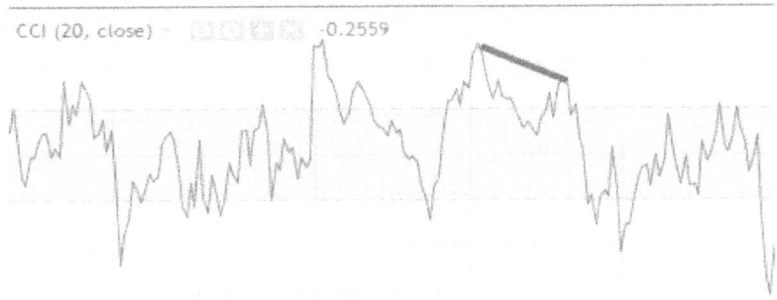

In altre parole, la divergenza è quando i punti più alti nel grafico salgono e sugli oscillatori scendono. È un segnale che il prezzo si sposterà nella direzione indicata dall'oscillatore. Questo segnale può essere considerato affidabile in quanto ha raggiunto l'obiettivo nell'80% dei casi.

Per confermare la divergenza nel grafico dei prezzi, sono necessari almeno due oscillatori. Ad esempio, se si utilizzano tre oscillatori e solo uno di essi mostra divergenza, si tratta di un segnale falso. Sono necessari dati positivi da due oscillatori, ma è meglio quando tutti e tre gli oscillatori mostrano lo stesso segnale. Una divergenza più forte dovrebbe essere presa in considerazione in tempi lunghi.

La convergenza è l'approssimazione tra il grafico dei prezzi e l'oscillatore, che implica la manifestazione degli stessi segni. La convergenza è il processo opposto alla divergenza.

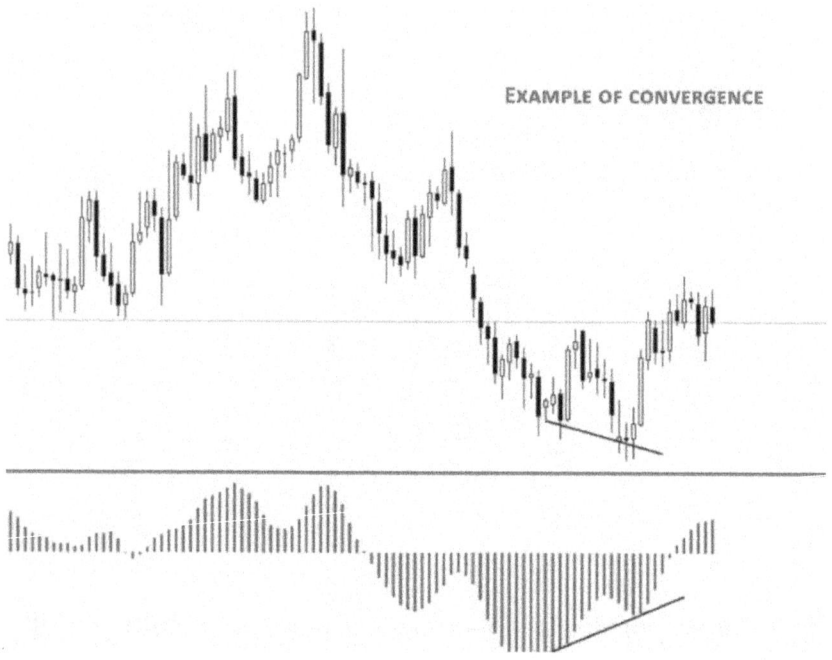

Ecco come distinguere tra divergenza e convergenza forti, medie e deboli. Ti consiglio di conservare questo "cheat sheet" per te.

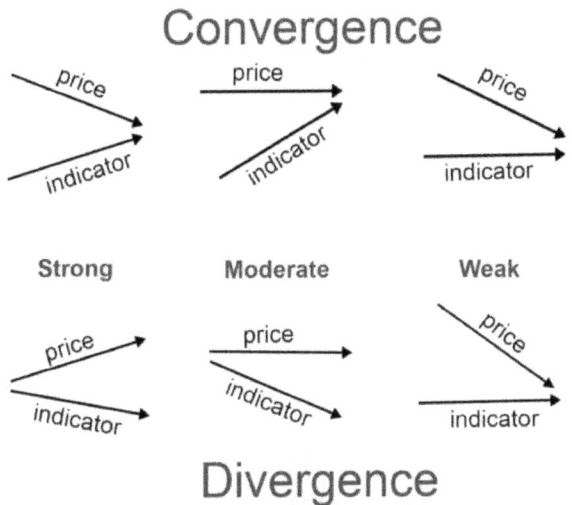

Ecco un esempio di divergenza e convergenza su un grafico live.

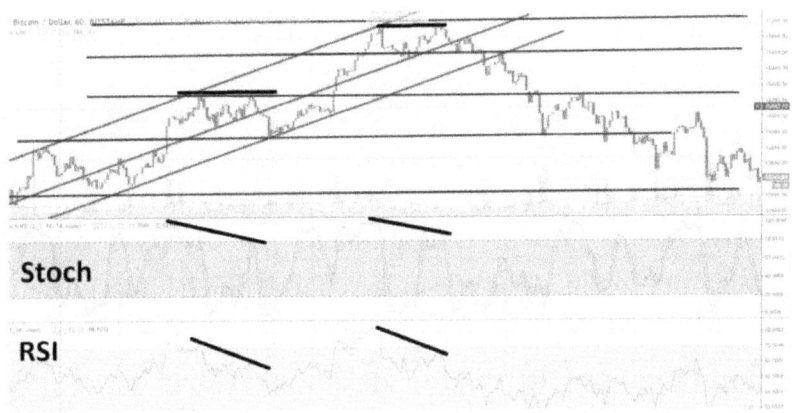

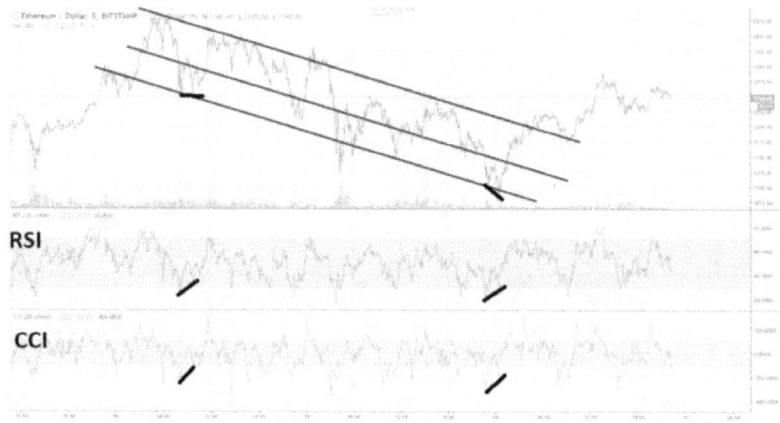

Volume

Questo indicatore è di solito costruito sotto il grafico dei prezzi e mostra il volume degli scambi (transazioni di vendita e acquisto) per un certo periodo di tempo. L'indicatore "Volume", a differenza dei precedenti "colleghi", non genera segnali di acquisto o vendita. Funziona come uno strumento ausiliario, contribuendo a determinare la forza di una particolare tendenza. Il volume maggiore conferma una tendenza particolare, maggiori sono le possibilità di raggiungere l'obiettivo che ha.

Spero che ti ricordi che abbiamo già discusso di questo indicatore nelle sezioni sugli schemi poiché faccio sempre attenzione al volume quando analizzo ogni schema. È anche importante per la validità dell'interruzione. Se il volume aumenta, l'interruzione non è falsa. Se c'è un forte aumento del prezzo ma il volume rimane piccolo, abbiamo a che fare con un falso segnale.

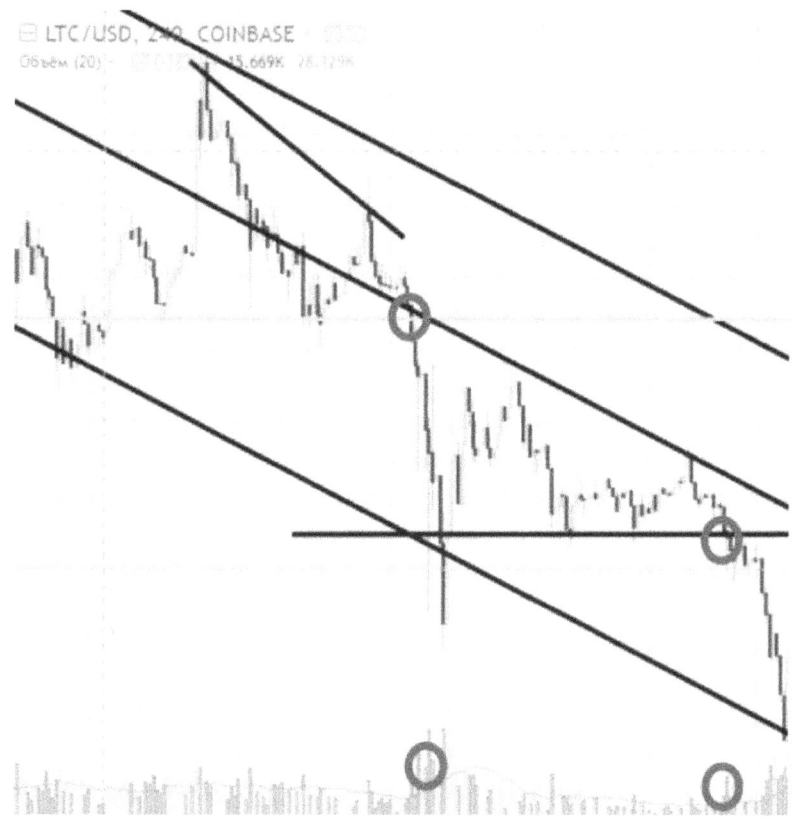

Fondamentalmente, questo indicatore dimostra l'interesse degli operatori di mercato per un particolare movimento dei prezzi. Più persone aprono posizioni quando il prezzo si sposta in una o nell'altra direzione, più è probabile la continuazione di questo movimento e maggiore è l'indicatore del volume.

Qui voglio fare una piccola osservazione. Personalmente, credo che il volume sia un indicatore molto controverso, in quanto può essere "disegnato" artificialmente su un grafico. Ma chi può fare questo e come? Naturalmente, i principali giocatori del mercato con un grande capitale possono farlo. Un giocatore può acquistare una grande quantità di valuta, creando così una parvenza di interesse dei consumatori sul mercato. Lo stesso può essere fatto vendendo una grande quantità di valuta, imitando il desiderio di tutti gli operatori del mercato di "sbarazzarsi" di questa valuta. Pertanto, assicurati di prestare attenzione al volume quando fai trading con questa o quella criptovaluta. Se noti che il mercato sta crescendo, ma il volume rimane lo stesso, chiediti: perché i grandi giocatori "disegnano" il volume ora?

Compiti a casa

1) Fai due previsioni sui punti di entrata e di uscita usando gli indicatori di tendenza.
2) Fai due previsioni sui punti di entrata e di uscita, usando gli oscillatori.
3) Fai due previsioni che indicano divergenze con tutti gli elementi necessari per confermarlo.

CAPITOLO 8. LINEE DI FIBONACCI

Se hai già imparato a distinguere i modelli nel grafico dei prezzi e anche ad utilizzare vari indicatori e oscillatori, determinare divergenze e convergenze, non puoi fare a meno di un altro strumento di analisi tecnica, vale a dire le linee di Fibonacci.

Le linee di Fibonacci furono inventate dal primo grande matematico italiano dell'Europa medievale, Leonardo da Pisa, meglio noto come Fibonacci. Questo matematico inventò una certa sequenza di numeri, che in seguito furono chiamati numeri di Fibonacci. Il principio di questi numeri è che ogni numero successivo viene trovato sommando i due numeri prima di esso: 1 + 1 = 2; 2 + 1 = 3; 3 + 2 = 5; 5 + 3 = 8; 8 + 5=13, ecc.

Successivamente, altri numeri sono stati derivati da questi numeri, che vengono utilizzati nel trading.

Cosa c'è di così interessante in questi numeri? Si basano sul principio della Sezione Aurea che sostiene quasi tutto ciò che ci circonda. Ad esempio, il guscio di molti molluschi, semi di girasole, petali di fiori e persino il nostro padiglione auricolare sono formati secondo il principio della Sezione Aurea.

I numeri di Fibonacci basati sul principio della Sezione Aurea hanno trovato impiego nel trading perché descrivono non solo i processi di sviluppo del mondo ma anche i mercati finanziari. Ciò dimostra che il movimento dei prezzi è anche soggetto a determinate leggi dell'universo. Il principio dei numeri di Fibonacci utilizzati nel trading significa che ogni numero successivo è diviso in quello precedente.

Molti strumenti Fibonacci sono usati nel trading:

- Ritracciamento di Fibonacci.
- Espansione di Fibonacci.
- Linee a ventaglio di Fibonacci.
- Fusi orari di Fibonacci.
- Periodi di Fibonacci.
- Cerchi di Fibonacci.
- Spirale di Fibonacci.
- Archi di Fibonacci.
- Cuneo di Fibonacci.
- Canale di Fibonacci.

Presteremo attenzione al primo strumento: il Ritracciamento di Fibonacci. È lo strumento più comune per misurare la crescita di un prezzo in valuta o l'entità della sua correzione (pullback).

Quindi, abbiamo già scoperto che il compito principale per cui utilizziamo le linee Fibonacci è la determinazione della crescita dei prezzi o del pullback. Ogni aumento di prezzo è accompagnato da una certa diminuzione, vale a dire pullback, e allo stesso tempo, ogni pullback è seguito da un aumento. Questo è determinato per mezzo di linee di Fibonacci.

Le stesse linee di Fibonacci sembrano livelli orizzontali. Sono sostenuti dai coefficienti di Fibonacci di base (0,236, 0,382, 0,5, 0,618, 0,786, ecc.). Queste linee possono essere tracciate in Tradingview. Seleziona lo strumento Fibcoefficient nella barra delle applicazioni (nei grafici considereremo lo strumento Fib Retracement) ed estendi le linee alla zona del grafico necessaria.

Per misurare il pullback o la crescita, selezioniamo i punti di prezzo minimo e massimo sull'onda estrema della tendenza attuale. Con la corretta applicazione di questo strumento, le linee di Fibonacci ti aiuteranno a determinare livelli di supporto e resistenza elevati, che a loro volta punteranno all'obiettivo di pullback o all'obiettivo di crescita.

Cosa significano tutti questi livelli di Fibonacci? Queste sono le zone in cui i trader inseriscono i loro ordini di acquisto o vendita. Il trading su linee Fibonacci viene effettuato da un livello all'altro. I livelli di Fibonacci funzionano a causa della psicologia umana. Il maggior numero di trader presta attenzione agli stessi livelli di Fibonacci, più ordini in sospeso vengono posizionati su questi livelli, rendendoli più forti. Cioè, se i trader vedono un livello di Fibonacci che coincide con la linea di resistenza, ricevono la conferma della loro ipotesi e piazzano ordini.

Prima di guardare questo strumento sul grafico, voglio attirare la tua attenzione su alcune regole non scritte, che ti consiglio di scrivere:

1. Su D1, le linee di Fibonacci sono costruite sui prezzi di chiusura.
2. Una vera rottura del livello 0,382 segnala lo sbiadire di una tendenza e l'emergere del potenziale per la formazione di movimenti di inversione.
3. L'applicazione principale delle linee di Fibonacci è limitata all'indicazione delle zone di pullback minimo e massimo.
4. Il movimento mirato può continuare senza un arretramento almeno a un livello di 0,236 solo se c'è un "doping" sotto forma di notizie o eventi di forza maggiore. In tutti gli altri casi, si verificherà sicuramente il pull back.
5. Il rimbalzo del livello di 0,236 con un ulteriore raggiungimento di nuovi massimi o minimi si verifica in 50 casi su 100. Nei restanti 50 casi, continuerà un pullback al livello di 0,382, dove la probabilità di un nuovo movimento mirato raggiunge un climax del 91%.

E ora considereremo diversi tipi di pullback che possono essere misurati sul grafico.

Ritracciamento del 50%

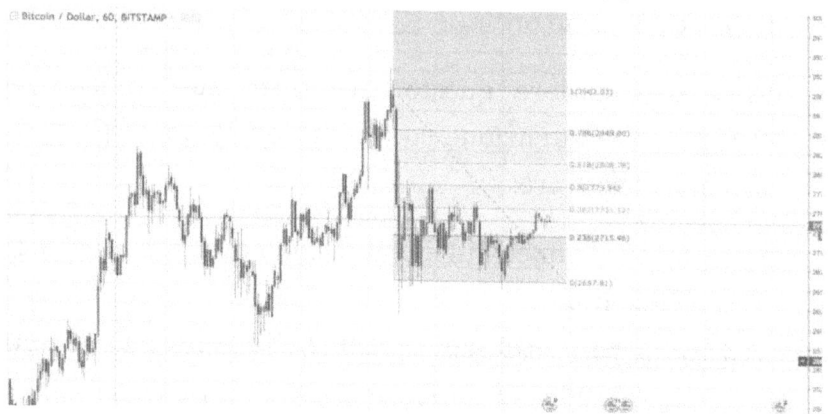

Nota che in questo grafico le linee di Fibonacci sono estese dall'alto verso il basso, cioè 0 è in basso, mentre 1 è in alto. Perché è così? C'è stato un forte impulso a vendere la valuta al prezzo massimo, quindi dobbiamo misurare un ulteriore pullback, vale a dire, per capire quanto può scendere il prezzo. Quando otteniamo il primo impulso per un calo dei prezzi, vediamo che il movimento di inversione (alla crescita) ha raggiunto il livello di 0,5. A questo livello, le vendite hanno continuato a svolgersi sul mercato. Successivamente è stato effettuato un nuovo test, ovvero, si è nuovamente tentato di superare questo livello, ma il prezzo è crollato di nuovo.

Ritracciamento del 38,2%

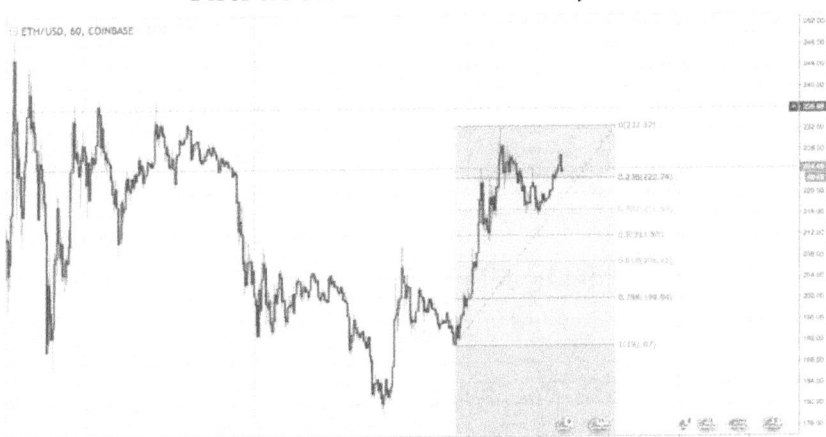

In questo grafico, le linee di Fibonacci sono estese in modo diverso rispetto a quello precedente. Abbiamo 1 in basso e 0 in alto. Qui allunghiamo le linee di Fibonacci all'impulso di determinare la crescita. Qui il prezzo si avvicina al livello di 0,382, dove vengono eseguiti gli ordini di acquisto e il prezzo sale.

Ritracciamento del 78,6%

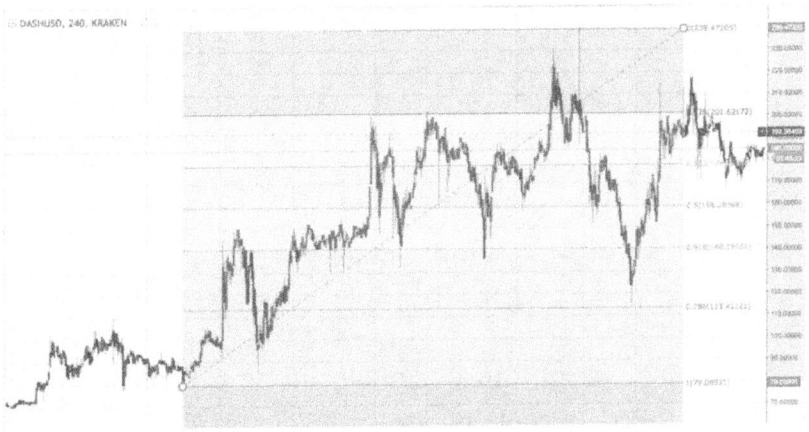

Cosa vediamo in questo grafico? Per misurare il ritracciamento, prendiamo un impulso di crescita più basso e intermittente. È seguito da un ritracciamento a livello di 0,786.

Posso citare molti esempi di questo tipo di misurazione del ritracciamento, ma ora consideriamo il processo di applicazione dei livelli di Fibonacci sul grafico. Esamineremo due modi per estendere le linee di Fibonacci.

La prima cosa che fai quando apri il grafico (dopo aver determinato la tendenza, è disegnare livelli di supporto e resistenza) trovare l'impulso in alto, cioè il punto più alto dell'onda più recente della tendenza esistente e il punto più basso, cioè, l'inizio della tendenza in basso. Disegna linee facendo affidamento su questi due punti. Estendi le linee di Fibonacci dal punto più basso al punto più alto e misura quindi a quale livello di Fibonacci il prezzo sta tornando.

Ma attenzione: questo è il modo in cui i livelli di Fibonacci sono estesi da piccole patate, la folla. Ma gli squali - i grandi giocatori - estendono le linee di Fibonacci in modo diverso. Se la folla estende le linee di Fibonacci dal fondo verso l'alto, gli squali estendono le linee da un punto al di sopra di quello più basso, dove si sono verificati molti "arresti", ovvero il movimento di prezzo più lungo su un livello orizzontale. Inoltre, non dovremmo raggiungere il punto più alto. Ecco come appare.

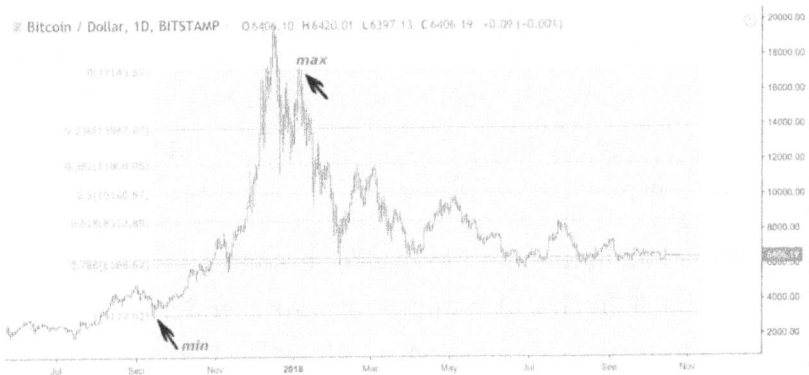

Perché gli "squali" estendono i livelli di Fibonacci in modo diverso? Possiedono un grande capitale e non possono lasciare il mercato con tali asset al picco dei prezzi. Lasciano nel punto in cui si vede una grande quantità di movimenti orizzontali dei prezzi sul grafico.

E ancora una cosa: perché dobbiamo estendere le linee di Fibonacci allo stesso modo degli "squali"? Lo spiegherò.

Se guardi entrambi i grafici, noterai che il livello di 0,618 su ciascuno di essi è in posizioni diverse. È molto più basso nel grafico della folla. Che cosa vuol dire? Ciò significa che la folla continuerà a scommettere su prezzi più bassi, ovvero aprire posizioni corte. Quindi si scopre che i grandi giocatori "fanno" solo i piccoli giocatori per aprire posizioni corte. Non appena la folla apre molte posizioni corte, gli "squali" faranno salire il mercato.

Oppure potrebbe esserci una situazione opposta. La folla compra una moneta, pensando che il prezzo salirà dal livello di 0,618 in su. Aprono una posizione lunga e, naturalmente, perdono i loro soldi, poiché il prezzo continua a scendere. Ecco come i grandi giocatori ingannano i piccoli giocatori.

Sta a te decidere se credere o meno in questa teoria sulle linee di Fibonacci e sui principali giocatori. Continuiamo a trattare l'argomento.

Ricorda che le linee di Fibonacci possono aiutarci a misurare non solo il livello al quale il prezzo scenderà, ma anche il livello al quale salirà. Estendi le linee di Fibonacci dal basso verso l'alto (dall'impulso inferiore a quello superiore) durante il mercato in crescita ed estendile dall'alto verso il basso durante il mercato in calo (per misurare il pullback all'acquisto).

Se si misurano diversi ritracciamenti di impulsi su un'area del grafico (e si può farlo), i livelli di Fibonacci possono incrociarsi a volte. Che cosa vuol dire? Ciò significa che esiste un range di trading molto forte in questo settore. Puoi anche combinare le linee di Fibonacci che disegni per determinare la crescita con i livelli di Fibonacci per determinare un pullback. La loro intersezione ti mostrerà anche i livelli forti a cui devi prestare particolare attenzione.

E ora la mia raccomandazione principale: impostare un ordine take profit non sulla linea Fibonacci stessa, ma a una distanza del 5% prima di raggiungere la linea. Questo ti aiuterà a concludere l'affare. A volte ci sono situazioni in cui il prezzo si ferma a pochi millimetri dal tuo livello e si inverte. Di conseguenza, il tuo ordine limite non verrà eseguito, ma se il tuo ordine attende il prezzo sotto la riga, la probabilità della sua esecuzione aumenta in modo significativo.

Un'altra domanda frequente: le linee di Fibonacci devono essere tracciate sui punti più alti dei corpi delle candele o delle ombre superiori? Dovremmo catturare le ombre superiori solo se lavoriamo su un arco di tempo inferiore a 4 ore. Tuttavia, dovremmo tenere presente che alcune ombre sono di natura manipolativa, ad esempio quando non vi è stato un vero movimento nel mercato, ma solo una sorta di acquisto di panico o vendita di panico. Pertanto, è necessario distinguere tra le ombre o utilizzare un intervallo di tempo più lungo.

Un'ultima raccomandazione sull'argomento dei livelli di Fibonacci: *annota le coppie perfette di monete e livelli. Ad esempio: "Litecoin funziona meglio a livello di 0,382." Credetemi, questo vi aiuterà molto nel trading.*

Compiti a casa

1) Fai 2-3 previsioni di crescita sui livelli di Fibonacci, descrivi cosa significa ogni livello e quali saranno gli ulteriori sviluppi di questa moneta.

2) Effettua 2 previsioni Fibonacci nel punto più alto del corpo del candlestick (intervallo di tempo superiore a 4 ore).

3) Fai 2 previsioni Fibonacci nel punto più alto dell'ombra del candlestick (intervallo di tempo inferiore a 4 ore).

CAPITOLO 9. CANDELE GIAPPONESI E LORO COMBINAZIONI

In che modo la maggior parte delle persone immagina visivamente il prezzo di un asset nel tempo? Sono sicuro che molte persone immaginano una linea orizzontale ondulata che cambia e curva su e giù ogni secondo. Al fine di strutturare e dare significato a questa linea in continua evoluzione, sono stati inventati diversi tipi di grafici dei prezzi. I tipi più popolari sono candele e barre giapponesi.

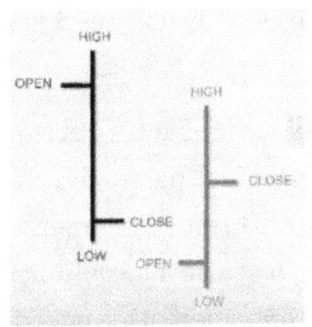

Western technical analysis

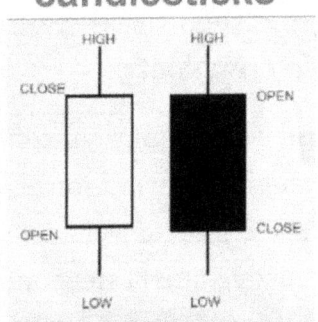

Eastern technical analysis

Cosa hanno in comune questi due tipi di grafici?

A differenza del tradizionale grafico lineare, le candele e le barre giapponesi utilizzano fino a quattro punti dati per un determinato periodo di tempo anziché uno:

1. Il prezzo di apertura all'inizio del periodo di tempo.
2. Il punto più alto raggiunto dal prezzo durante il periodo di tempo.
3. Il punto più basso raggiunto dal prezzo nel periodo.
4. Il prezzo di chiusura al termine del periodo.

Sono questi quattro punti che aumentano il valore delle informazioni del grafico, il che significa che possono immediatamente indicare ciò che sta accadendo nel mercato.

Le barre sono gli strumenti dell'analisi tecnica occidentale, mentre le candele giapponesi sono gli strumenti dell'analisi tecnica orientale. Le barre possono essere di ordine crescente o decrescente, le candele giapponesi possono anche essere rialziste o ribassiste. Entrambi i grafici trasmettono le stesse informazioni.

Se c'è così tanto in comune tra questi grafici e trasmettono le stesse informazioni, perché la maggior parte dei trader preferisce le candele giapponesi? Questo strumento ha guadagnato la sua popolarità non solo grazie alla semplicità di interpretazione della situazione del mercato, ma anche perché riflettono il divario tra il prezzo aperto e il prezzo di chiusura di un candlestick. Questa zona è chiamata il vero corpo di un candlestick. Il corpo ci aiuta a valutare meglio la situazione generale del mercato presentata su un grafico.

Discutiamo la struttura delle candele giapponesi. Un candlestick mostra una gamma di movimenti di prezzo per un periodo di tempo specifico (che chiamiamo timeframe). Un candlestick ha un corpo reale (di solito è dipinto in bianco o nero) e ombre superiori e inferiori che indicano i prezzi più alti e più bassi per un certo periodo.

Le candele giapponesi sono disponibili in tre varianti:

- Candlestick a corpo lungo.
- Spinning Top candlestick e Paper Umbrella candlestick.
- Doji candlestick.

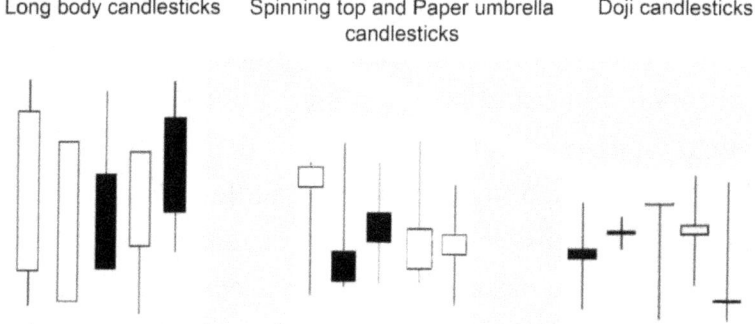

I *candlestick a corpo lungo* hanno corpi molto grandi. Una candela perfetta a corpo lungo ha anche ombre minime. In questo caso, comprendiamo che il prezzo ha una buona direzione. Più piccola è l'ombra e più grande è il corpo, più affidabile è il segnale per noi, il che significa che il mercato sta andando in una certa direzione.

Potresti chiedere: come posso identificare un candlestick a corpo lungo? Basta confrontare i candlestick tra loro. Puoi identificare un candlestick a corpo lungo tra gli altri solo a occhio.

I *candlestick Spinning Top e Paper Umbrella* hanno un corpo piccolo, mentre la loro ombra può essere grande o piccola.

I *candlestick Doji* hanno un corpo molto piccolo o non ce l'hanno affatto.

Mi viene spesso chiesto quale candlestick sia migliore, ovvero più affidabile? In linea di principio, non esistono "migliori candlestick" sul mercato, perché ognuno di essi fornisce un particolare tipo di informazioni. Ad esempio, se vediamo candlestick a corpo lungo, comprendiamo che esiste un movimento deciso e forte nel mercato. I candlestick a corpo lungo spesso sfondano la fascia di prezzo. Cioè, livelli importanti vengono superati con candlestick a corpo lungo. I modelli di analisi tecnica di solito rompono il supporto o il livello di resistenza con candlestick a corpo lungo. Pertanto, i candlestick a corpo lungo sono una sorta di locomotiva che determina il prezzo. Il resto dei candlestick (candlestick Spinning Top e Doji) possono formare configurazioni di candele di inversione, indicando che rimbalza su un certo livello e un'inversione di tendenza.

Per quanto riguarda i candlestick Doji, sono considerati incerti nel mercato. Il loro corpo è piccolo e il prezzo aperto è allo stesso punto del prezzo di chiusura. Nulla è cambiato nel mercato per questo periodo di tempo. Se vediamo un candlestick doji con un corpo quasi assente e una piccola ombra, significa che il prezzo è fermo e stiamo correndo sul posto. Ma se vediamo un candlestick doji con un corpo piccolo e una grande ombra, può essere un segnale molto forte. La natura del segnale dipende dalla direzione dell'ombra.

Per quanto riguarda il volume degli scambi, nella maggior parte dei casi può essere visto solo su grandi candlestick.

Alcune candele giapponesi, che creano determinate combinazioni nel grafico dei prezzi, sono chiamate configurazioni candlestick (o modelli di candele). Sono divise in tre tipi:

- Modelli a candlestick singolo.
- Modelli a doppio candlestick.
- Motivi a triplo candlestick.

I modelli a candlestick singolo e doppio candlestick godono della massima popolarità.

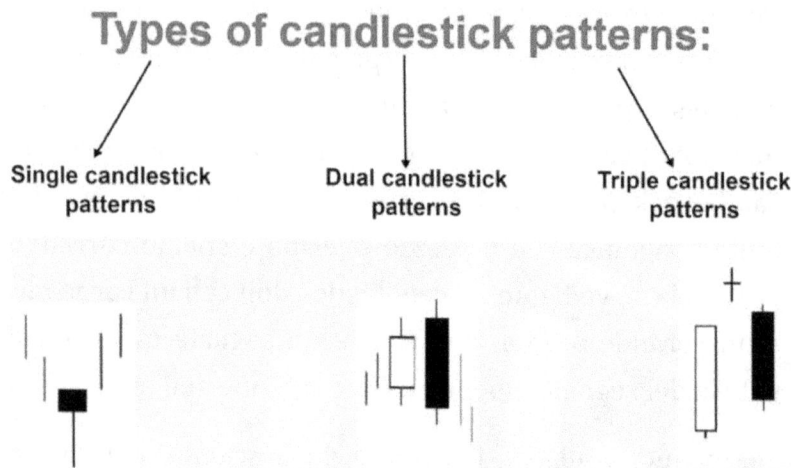

Modelli a candlestick singolo

I *modelli a candlestick singolo*, a loro volta, sono divisi in deboli e forti. Configurazioni forti consentono di interpretare la direzione del movimento dei prezzi con alta probabilità e di impostare ordini in sospeso. Non appena vediamo una forte configurazione di candele, possiamo aprire una posizione.

Le configurazioni deboli richiedono un'ulteriore conferma. Per prendere una decisione finale sull'apertura di una posizione, avremo bisogno di un altro candlestick di conferma.

Ad oggi, ci sono vari libri con una moltitudine di nomi di modelli a candelestick singolo. Tuttavia, tratteremo solo quelli più frequentemente osservati nel mercato delle criptovalute. Allo stesso tempo, non ti consiglio di sforzare il tuo cervello per memorizzare i nomi sofisticati di tutte queste configurazioni di candlestick. Hai solo bisogno di cogliere i principi della loro formazione.

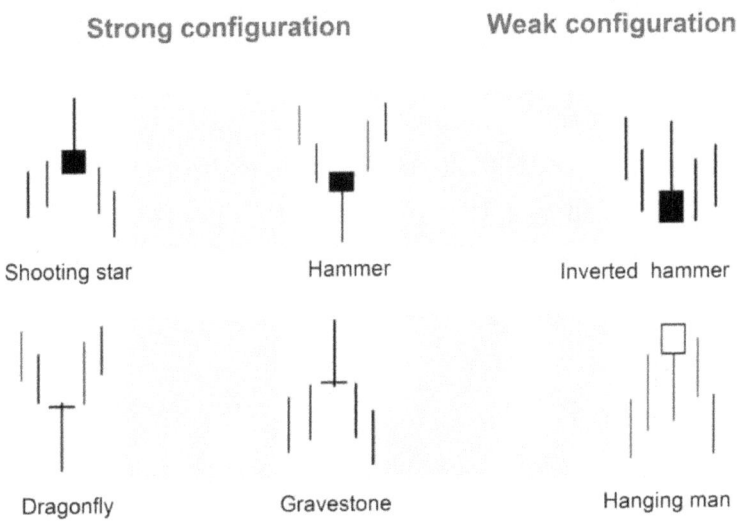

Quindi, le ombre di tutti i modelli di candlestick forti sono al di fuori della precedente fascia di prezzo. Le ombre di tutti i modelli di candlestick deboli si trovano all'interno del modello stesso.

Non consiglio di cercare i candlestick da qualche parte nel mezzo delle fasce di prezzo. Siamo interessati a quei candlestick che si avvicinano a livelli importanti. I livelli e le linee determinano gli intervalli in cui il prezzo si sposterà. Non appena il prezzo raggiunge questo livello o linea, iniziamo a cercare la conferma della rottura del livello o del suo rimbalzo. Per prima cosa abbiamo bisogno dei livelli e delle linee, quindi dei candlestick che confermano questi o altri segnali. Ma non dimenticare che i candlestick ci danno solo una direzione, mentre i livelli, i modelli o gli indicatori ci mostrano il nostro obiettivo.

Visualizziamo tutte le classiche configurazioni di candele nel periodo di 30 minuti.

E ora controlliamo un po'. Di seguito sono riportati due modelli di candlestick: Martello Invertito (Inverted Hammer) e Stella Cadente (Shooting Star). Quale è forte e quale è debole?

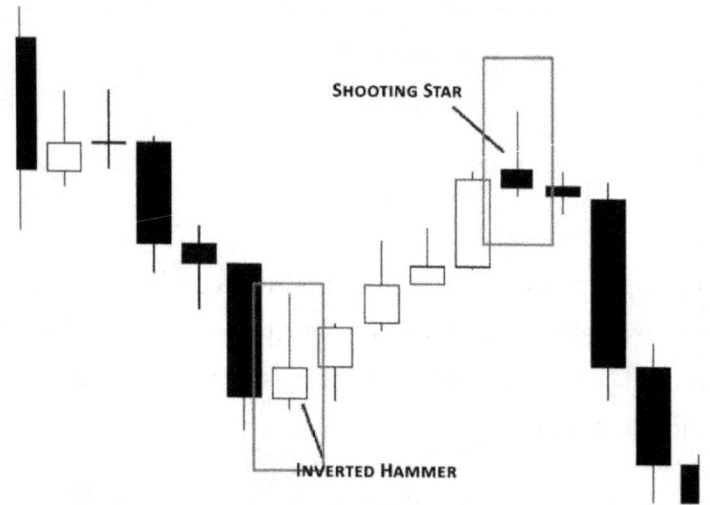

Il *Martello Invertito* è un modello debole e *Shooting Star* è un modello forte. Potremmo indicarlo semplicemente osservando le ombre dei motivi. Nel primo modello, l'ombra è dentro; nel secondo modello, è fuori.

Ora definiamo il modello debole e forte nella figura seguente.

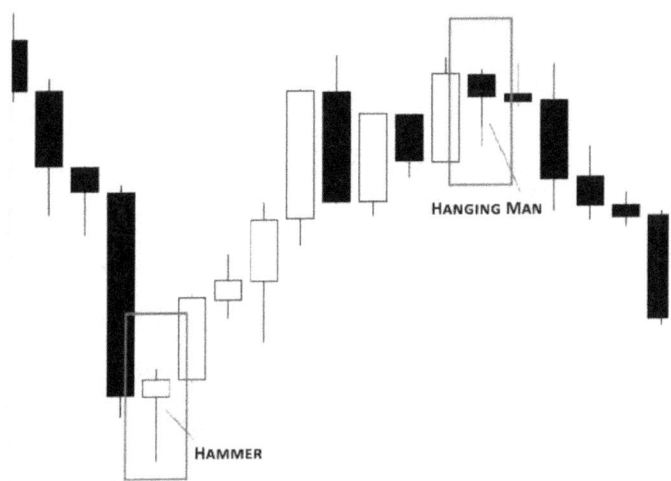

Martello (Hammer) è un forte motivo a candlestick e *Uomo Impiccato (Hanging Man)* è debole. (Spero che tutti i miei lettori abbiano capito).

Suggerisco di prestare particolare attenzione alla configurazione di un singolo candlestick in quanto differisce dagli altri. Si chiama modello *Belt Hold Line* e può essere rialzista o ribassista.

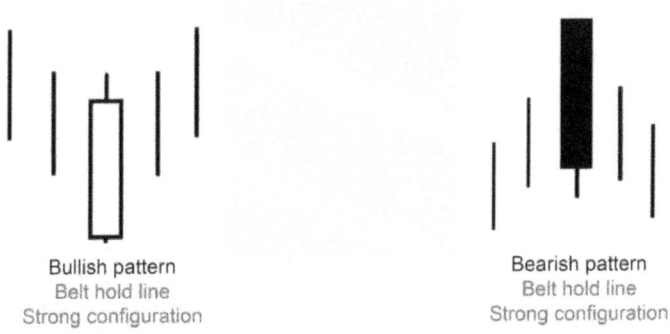

Il *modello Bullish Belt Hold Line* è una configurazione forte. Questo modello ha un lungo candlestick verso l'alto con il prezzo aperto situato al livello del minimo giornaliero. Non ha ombra inferiore. Anche il *modello Bearish Belt Hold Line* è una configurazione forte. Ha un lungo candlestick verso il basso con il prezzo aperto al livello del massimo giornaliero. Non ha ombra superiore.

E infine, voglio avvisarti che i singoli modelli di candlestick possono essere chiamati in modo diverso:

- Configurazioni a candlestick singolo.
- Pin bar.
- Day Breakout.
- Estremo di primo ordine.
- Spike.

Tuttavia, dovresti sapere che questi sono solo nomi diversi che non cambiano la funzione di questi candlestick sul mercato.

Modelli a doppio candlestick

Vediamo ora alcuni *modelli a doppio candlestick*.

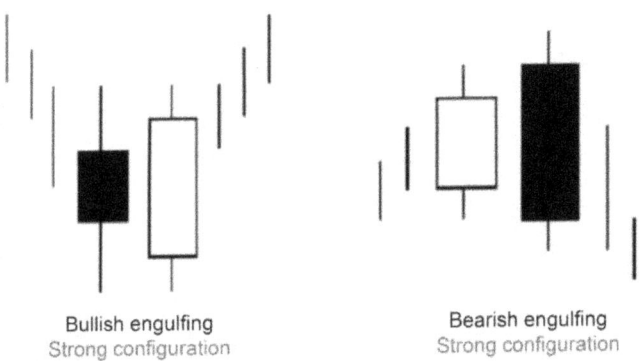

Bullish engulfing
Strong configuration

Bearish engulfing
Strong configuration

Il *Bullish Engulfing (Inghiottimento Rialzista)* è un modello forte. Ci dovrebbe essere una forte tendenza al rialzo o al ribasso nel mercato per la sua formazione. Questo modello si forma quando un corpo del secondo candlestick avvolge un corpo del primo candlestick, mentre le ombre non possono essere inghiottite. Il secondo corpo dovrebbe essere di colore contrastante.

Il *Bearish Engulfing (Inghiottimento Ribassista)* è anche un forte motivo a candlestick. Ha le stesse caratteristiche della precedente, solo in un bear market (mercato orso).

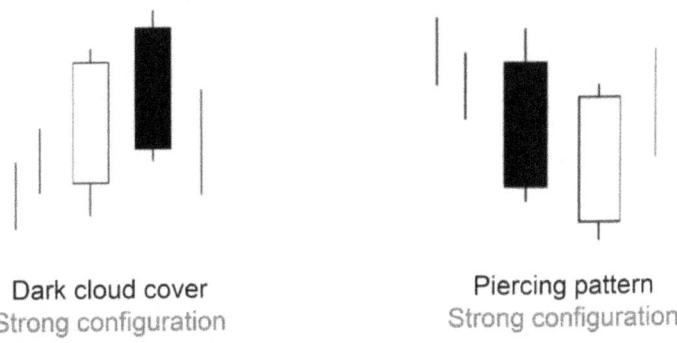

Dark cloud cover
Strong configuration

Piercing pattern
Strong configuration

Dark Cloud Cover è un modello forte che consiste di due candlestick. Il primo è un candlestick bianco con un corpo forte. Il secondo si apre sopra il precedente. Allo stesso tempo, si chiude nel punto più basso della candela precedente e ne copre una parte significativa.

Piercing Pattern è anche un modello forte e un riflesso specchio del modello Dark Cloud Cover.

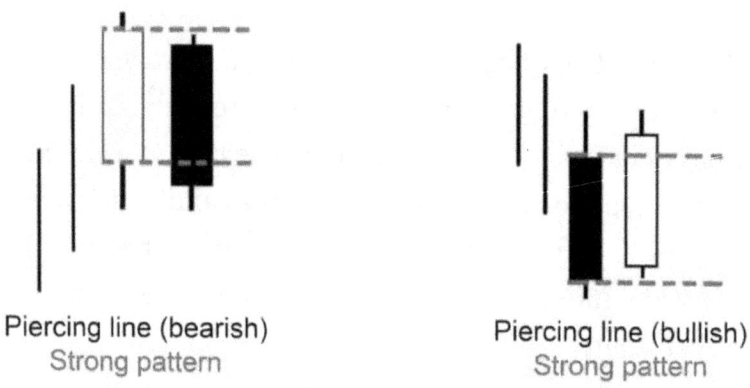

Piercing line (bearish)
Strong pattern

Piercing line (bullish)
Strong pattern

Piercing Line (ribassista) è anche un modello forte. Il secondo candlestick di questo modello si apre più in basso del primo. Il secondo candlestick si chiude più in basso rispetto al primo.

Piercing Line (rialzista) è anche un modello forte. È un riflesso speculare del modello precedente, proprio in un bull market (mercato toro).

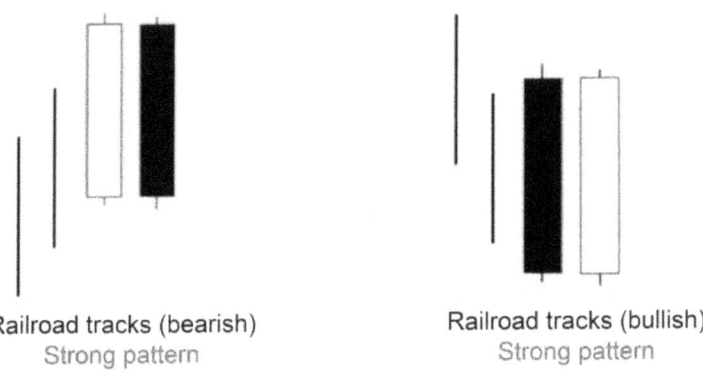

Railroad tracks (bearish)
Strong pattern

Railroad tracks (bullish)
Strong pattern

I *Railroad Tracks (configurazione ribassista)* sono un modello forte. Si compongono di due candlestick quasi identici di colori contrastanti. Questo modello di candlestick ha corpi grandi e non ha lunghe ombre. Anche i *Railroad Tracks (configurazione rialzista)* sono un modello forte. Hanno le stesse caratteristiche ma appaiono in un bear market (mercato orso).

Vale la pena notare che esiste un debole modello di inversione tra tutti i modelli a doppio candlestick. Si chiama Bearish Harami e Bullish Harami sul fondo del mercato. Il secondo candlestick di questa configurazione è molto piccolo, meno del 50% di quello precedente. È anche di colore contrastante. L'aspetto di tale modello sul grafico dovrebbe almeno farti guardare la situazione attuale del mercato.

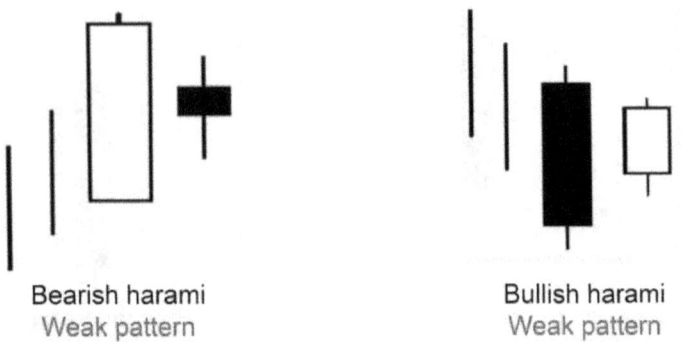

Bearish harami
Weak pattern

Bullish harami
Weak pattern

Esiste anche un cosiddetto "booster" di configurazioni: *Tweezer*. Si compone di due candlestick di colori contrastanti con gli stessi punti più bassi e più alti.

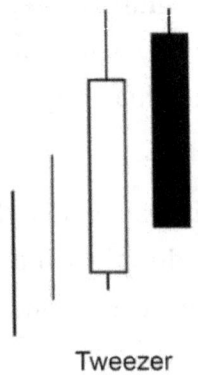

Tweezer

Tweezer non è una configurazione separata. Dà ulteriore forza al segnale che abbiamo ricevuto. Tweezer da solo non può essere un segnale forte di un'inversione di tendenza; il suo ruolo è quello di rafforzare l'uno o l'altro motivo a candlestick. Pertanto, Tweezer può essere trovato sul grafico in una coppia con motivi diversi.

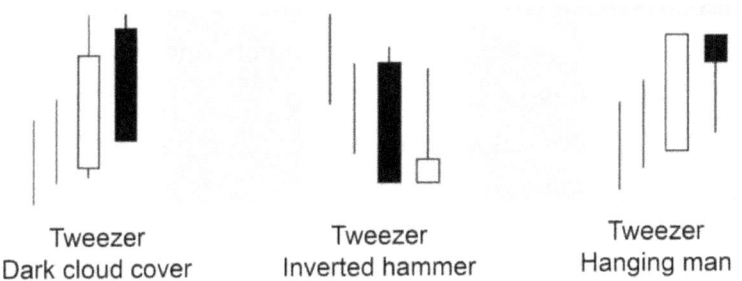

Tweezer
Dark cloud cover

Tweezer
Inverted hammer

Tweezer
Hanging man

Abbiamo eaminato le principali configurazioni di candlestick osservate nel mercato delle criptovalute. Non tentare di memorizzare tutti i loro nomi. La cosa principale che devi imparare è questa: il fattore principale nei singoli modelli di candlestick è l'ombra; il fattore principale nelle configurazioni a doppio candlestick è la dimensione e il colore del corpo della candela. Le ombre nelle configurazioni a doppio candlestick non sono importanti, ma comunque, più sono brevi, meglio è.

Se analizzi le candele giapponesi nel grafico, segui le seguenti regole:

1. Stima le dimensioni, il colore e la configurazione di un candlestick solo dopo che è stato chiuso.
2. Le dimensioni di un candlestick sono un indicatore soggettivo in quanto dipendono dall'attuale volatilità del mercato.
3. Esamina i motivi del candlestick di inversione girando in alto o in basso sul mercato

4. Non dimenticare che i modelli di candlestick di inversione indicano solo l'inversione del prezzo, non fino a dove arriverà il prezzo
5. Maggiore è il lasso di tempo, più affidabile è il segnale dei modelli di candlestick.

Allo stesso tempo, le candele giapponesi sono anche stimate dalla forza del corpo, dalla forza dell'ombra e dalla forza negativa.

Forza del corpo: più lungo è il corpo, maggiore è la probabilità di movimento dei prezzi nella direzione selezionata.

Forza dell'ombra: più corta è l'ombra, maggiore è la probabilità di movimento verso l'ombra corta.

Forza negativa: se il prezzo non si è mosso nella direzione prevista, è molto probabile che vada nella direzione opposta.

Compiti a casa

1) Fai due previsioni, usando le configurazioni a candela singola.

2) Fai due previsioni, usando le configurazioni a doppio candlestick.

CAPITOLO 10. ELLIOTT WAVE THEORY (TEORIA DELLE ONDE DI ELLIOT) O WAVE TRADING

Alcuni trader ritengono che la Teoria delle Onde di Elliott sia lo strumento migliore per determinare il movimento del mercato. Te lo dirò: resisti all'entusiasmo come se avessi trovato una panacea per tutti i guai. Innanzitutto, ci vorrà più di un giorno della tua vita per comprendere la teoria delle onde poiché questo strumento è complesso. In secondo luogo, preferisco ancora prendere in considerazione i dati di diversi strumenti durante l'analisi del grafico della moneta selezionata. Tocca a te fare il resto.

Cos'è la Teoria delle Onde di Elliott? In breve, le onde di Elliott consentono di strutturare movimenti complessi e caotici sul mercato. Come?

Sono sicuro che sai che ci sono fasi di crescita e fasi di declino nel mercato. Ed è la Teoria delle Onde di Elliott che può strutturare tutte queste fasi in un grafico.

Prima di immergerci nel difficile argomento delle onde di Elliott, suggerisco di ricordare ancora una volta le basi dell'analisi tecnica. È possibile utilizzare la Teoria delle Onde di Elliott, gli indicatori, l'analisi grafica o meno, queste regole funzionano allo stesso modo per tutti gli strumenti.

La teoria di Dow dice:

- Il mercato tiene conto di tutto.
- Il mercato si muove in una certa direzione.
- Il volume conferma la tendenza.
- Le tendenze esistono fino a quando i segnali definitivi dimostrano che sono finite.

Le regole di Jesse Livermore:

- Nulla di nuovo non si verifica mai nel settore delle speculazioni o degli investimenti.
- I mercati non sbagliano mai - le opinioni spesso sono sbagliate.
- Evita schemi di arricchimento rapido.
- Il sognare ad occhi aperti deve essere bandito.

Queste regole classiche hanno delineato alcuni dei principi fondamentali dell'analisi tecnica, in cui la Teoria delle Onde di Elliot occupa il suo posto di rilievo. Pertanto, consiglio di ricordare a tutti i costi ciascuna di queste regole.

La prossima cosa che devi imparare per comprendere la Teoria delle Onde di Elliott è la natura ciclica, di fase e frattale dei mercati finanziari. Preparati: ci saranno molti grafici ora, ma non possiamo farne a meno in questa sezione.

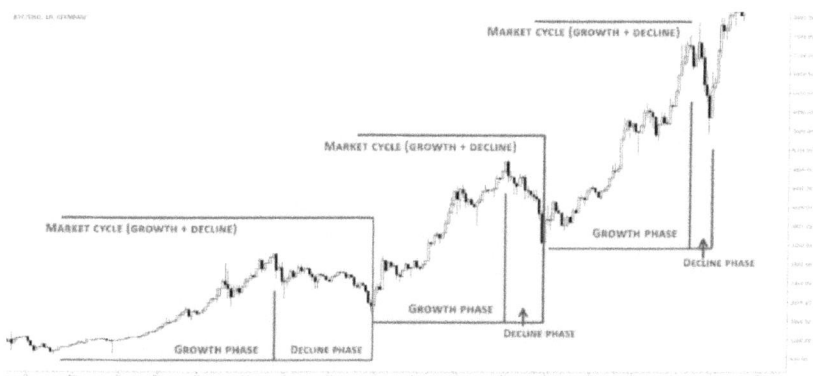

Nel grafico Bitcoin per il 2017, possiamo vedere sia la fase di crescita che la fase di calo dei prezzi nella prima metà dell'anno. Tuttavia, alla fine di agosto e all'inizio di settembre, il grafico dei prezzi ha formato una nuova fase di crescita e una nuova fase di declino. Allo stesso tempo, alla fine dell'anno, è apparsa un'altra fase di rapida crescita e fase di declino. Che cosa vuol dire? Ciò significa che il Bitcoin si è mosso molto bene in determinati cicli l'anno scorso.

In questo grafico, puoi vedere meglio come il prezzo influenzato dalla formazione della fase di crescita ha proceduto con la fase di declino, cioè ha formato un intero ciclo di mercato.

Questa immagine mostra un grafico dei prezzi dell'oro. Dimostra un esempio di *natura graduale e ciclica del prezzo*. Si noti che la natura ciclica è osservata durante la fase di crescita (così come la fase di declino), cioè fasi di crescita più piccole e fasi di declino minori. Pertanto, comprendiamo che ogni grande onda ha onde minori più piccole.

E qui ho cercato di dimostrare la *natura frattale* del mercato. Possiamo osservare l'onda principale e la sua struttura interna nella fase di crescita. Anche la fase di declino è divisa in onde secondarie.

Se parliamo di questo grafico, mostra una fase di declino poiché il prezzo del Bitcoin ha formato un'onda discendente all'inizio del 2018. Qui le onde principali sono anche divise in onde secondarie.

Pertanto, abbiamo capito come appare la natura graduale e frattale sul grafico dei prezzi. Ora diamo un'occhiata più da vicino alla stessa Teoria delle Onde di Elliott.

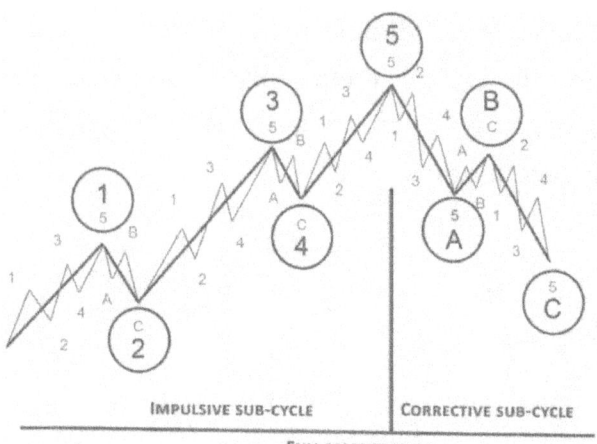

Una fase di crescita nella Teoria delle Onde di Elliott è chiamata *sotto-ciclo impulsivo*, mentre la fase di declino è chiamata *sotto-ciclo correttivo*. Le due fasi formano un *ciclo di mercato completo*.

Il sotto-ciclo impulsivo di solito consiste di 5 onde, in cui le onde 1, 3 e 5 sono impulsi e le onde 2 e 4 sono onde correttive che collegano questi impulsi. Ogni onda ha anche una struttura d'onda interna in cui, ad esempio, l'onda d'impulso 1 è costruita da 5 onde, l'onda correttiva 2 è costruita da 3 onde, l'onda impulsiva 3 è costruita da 5 onde, l'onda 4 è costruita da 3 onde e l'ultima onda 5 ha una struttura a cinque onde.

Consideriamo ora un sotto-ciclo correttivo, che ha una struttura a tre onde. È contrassegnato come onda A, onda B e onda C. Le onde d'impulso sono le onde A e C, e l'onda correttiva di collegamento è l'onda B. Le onde A e C hanno anche la struttura interna dell'onda: ognuna di esse ha 5 onde secondarie. L'onda correttiva B ha una struttura a tre onde.

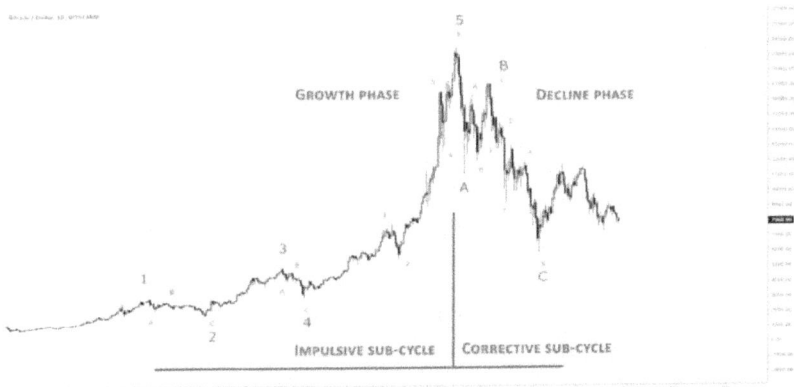

Dai un'occhiata a questo grafico. Presta attenzione al fatto che l'onda d'impulso 5 è stata estesa sul grafico Bitcoin per il 2017. Il picco dell'attività di trading è stato osservato in questo intervallo. L'onda 5 ha dimostrato bene che il Bitcoin era ipercomprato in quel momento. Pertanto, quando si analizza un grafico delle monete, presta sempre attenzione all'onda 5. Se è aumentato troppo verso l'alto (sembra troppo "acuto"), significa che il grafico dei prezzi è ipercomprato. Se vedi una struttura a cinque onde pronunciata, è un buon segnale per astenersi dall'acquistare e fare una certa pausa. Dopotutto, è probabile che il grafico dei prezzi si inverta dopo questo periodo, quindi dovresti concentrarti sul declino.

Se hai esaminato attentamente la tabella sopra (in particolare la sua fase di declino), dovresti avere una domanda: "Qual è la derivazione dopo l'onda C, che è l'ultima nella fase di declino?" È l'inizio di una nuova fase del movimento verso l'alto.

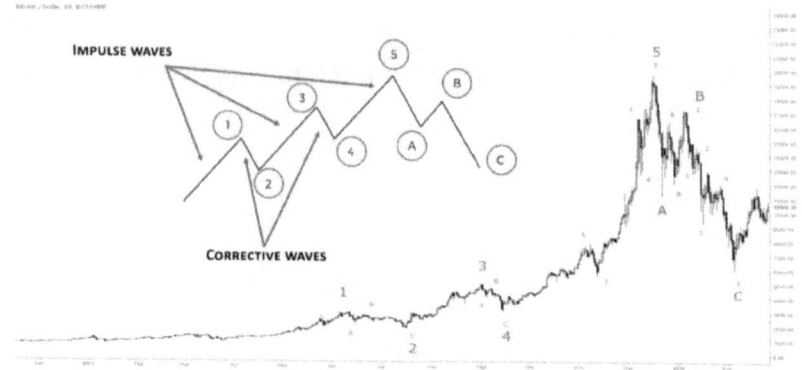

In questa immagine, puoi ancora una volta vedere come le onde di impulso e correttive sono combinate sul grafico dei prezzi.

E ora consideriamo le regole di base della Teoria delle Onde di Elliott:

1. L'onda 2 non raggiunge mai l'inizio dell'onda 1.
2. L'onda 3 non è mai la più corta.
3. L'onda 4 non si intromette mai nell'area dell'onda 1.

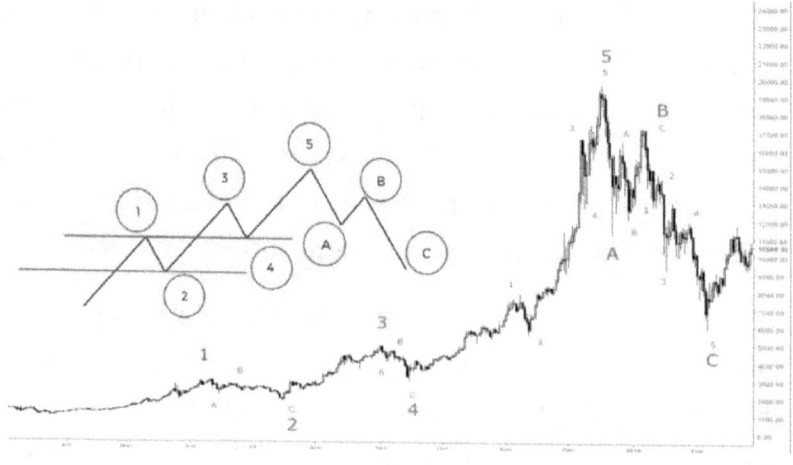

Devo dire che ci sono, ovviamente, eccezioni sul mercato. Dopotutto, queste regole sono state sviluppate da Ralph Nelson Elliott all'inizio del secolo scorso.

Onde ad impulso

Consideriamo ora le *onde ad impulso* e la loro applicazione pratica.

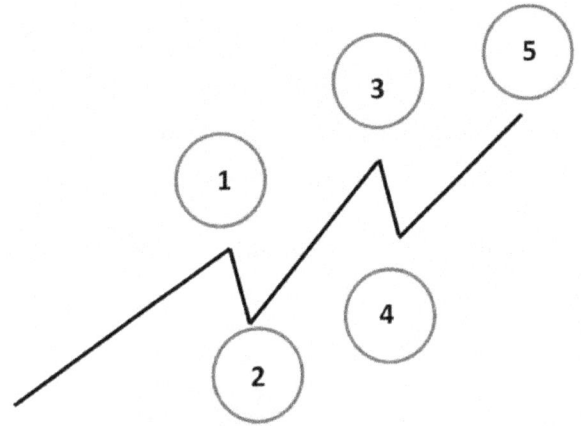

Le onde ad impulso non sono sempre identiche, ma ci sono ancora regole generali per indicarle:

1. Ogni picco successivo dell'onda ad impulso è superiore a quello precedente.
2. L'onda ad impulso ha cinque onde secondarie.

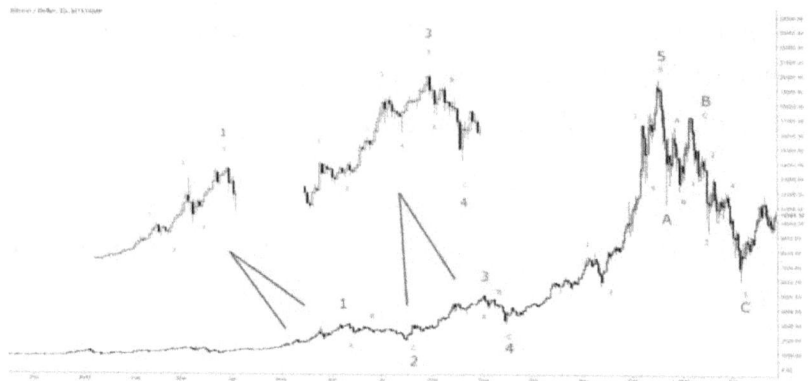

Ecco un esempio. Gli impulsi sono indicati in questo grafico dei prezzi Bitcoin. L'onda ad impulso 1 e l'onda ad impulso 3 hanno una struttura a cinque onde.

Tuttavia, quali sono le eccezioni? La più comune è l'*estensione dell'impulso*.

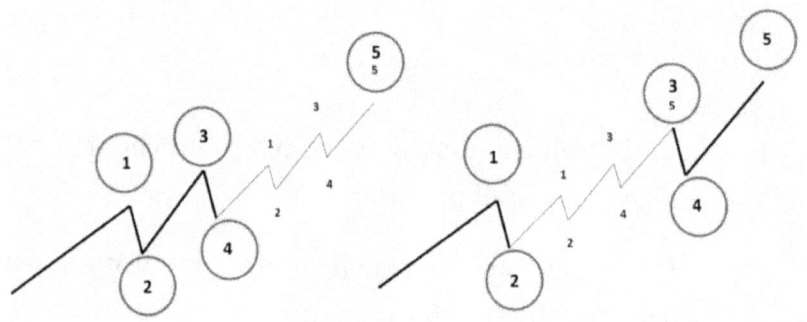

L'estensione dell'impulso è caratterizzata da:

1. L'onda ad impulso è insolitamente lunga.
2. Spesso osservato nell'onda 3 e nell'onda 5.
3. L'ultima onda secondaria potrebbe essere la più breve.

Possiamo osservare un esempio di tale estensione nel grafico Bitcoin per il 2017, in cui l'onda ad impulso 5 era insolitamente lunga.

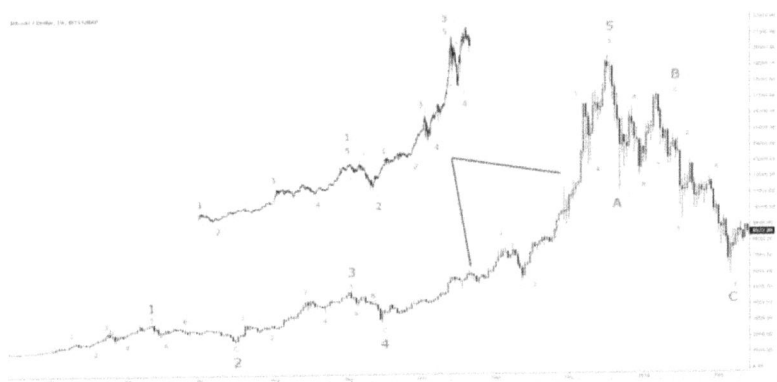

E ora considereremo un altro caso non convenzionale, ma interessante, che può essere visto sul mercato in rare occasioni: il *troncamento delle onde ad impulso*.

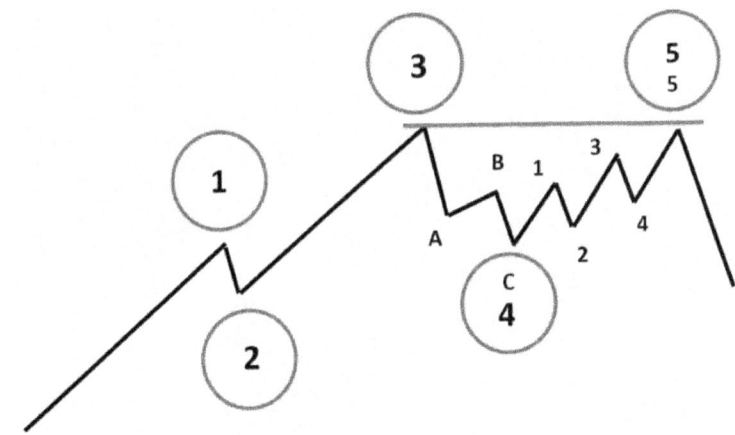

È caratterizzato da:

1. L'ultima onda 5 non va oltre il picco dell'onda ad impulso 3.

2. La struttura a cinque onde è all'interno dell'onda troncata 5.

Se vedi una struttura del genere nel grafico, cioè si verificherà il troncamento dell'onda ad impulso, dovresti sapere che questo è un segnale affidabile di un'inversione di tendenza.

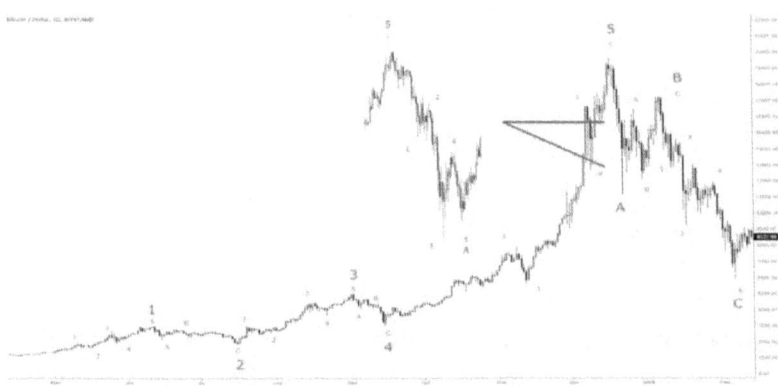

La struttura successiva è il *triangolo diagonale*. Assomiglia al troncamento della quinta onda. La differenza è che si verifica all'interno di un triangolo diagonale.

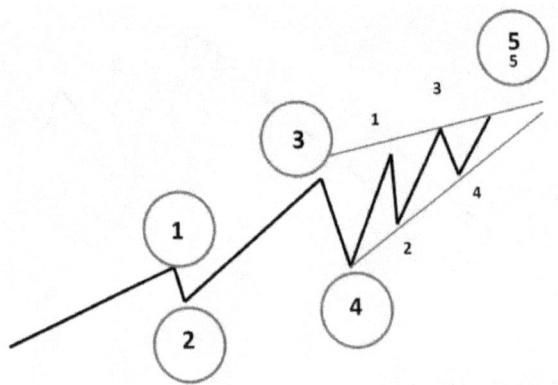

È caratterizzato da:

1. L'ultima quinta onda è più alta della terza onda ad impulso.
2. La struttura a cinque onde si trova all'interno del triangolo diagonale.

La comparsa di un triangolo diagonale sul grafico segnala il completamento di una tendenza al rialzo.

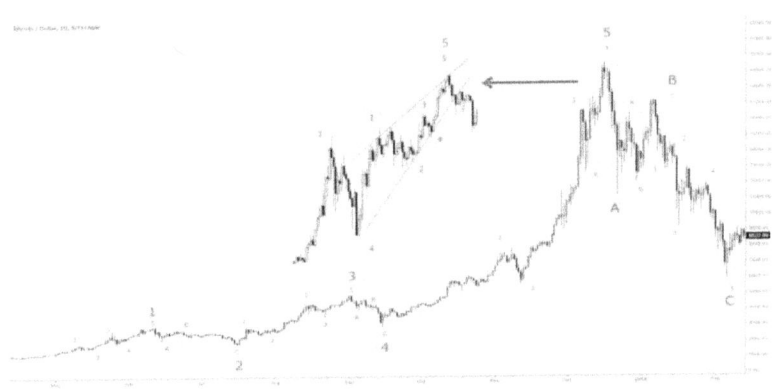

Ecco un esempio del triangolo diagonale nella parte superiore dell'ultima onda 5. È un'ovvia zona di ipercomprato Bitcoin. La terza onda si è rivelata la più corta qui, ma tuttavia, il suo picco è al di sopra del picco dell'onda ad impulso 1.

Onde correttive

Poiché abbiamo considerato tutte le variazioni delle onde ad impulso, passiamo ora alle *onde correttive*.

Queste onde sono, forse, le più complicate nella Teoria delle Onde di Elliott poiché esiste un gran numero di tali onde ed è facile confonderle. Pertanto, in base alla mia esperienza personale, consiglio di determinare le onde correttive di

Elliott in combinazione con l'analisi grafica e altri strumenti di trading.

La prima ondata correttiva in esame è una correzione a zigzag. È caratterizzata da:

1. L'onda C è sotto l'onda A.
2. La formula delle onde secondarie è 5-3-5, ovvero l'onda A ha una struttura a cinque onde; l'onda B ha una struttura a tre onde; l'onda C ha una struttura a cinque onde.

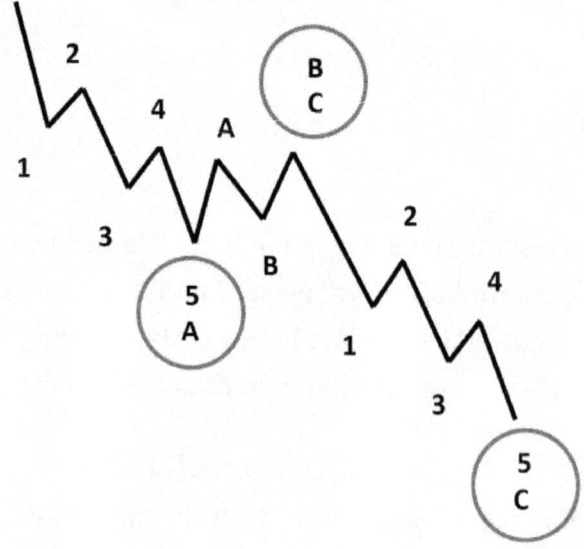

Consideriamo un esempio di correzione a zigzag in un grafico.

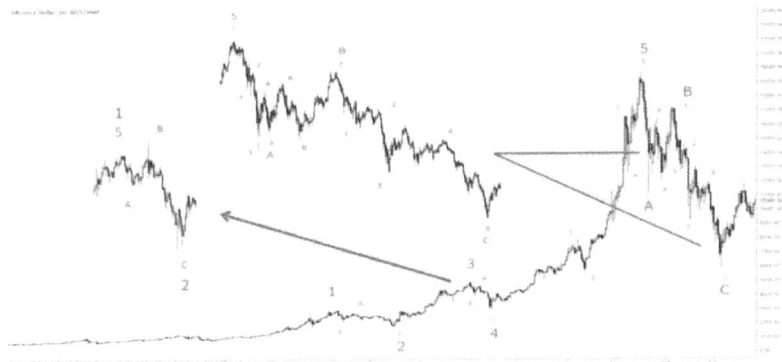

Questo è un esempio di correzione a zigzag, in cui l'onda C è al di sotto dell'onda A.

Correzione piatta. Questa onda viene determinata come segue:

1. L'onda C è a livello dell'onda A.
2. La formula delle onde secondarie è 3-3-5.

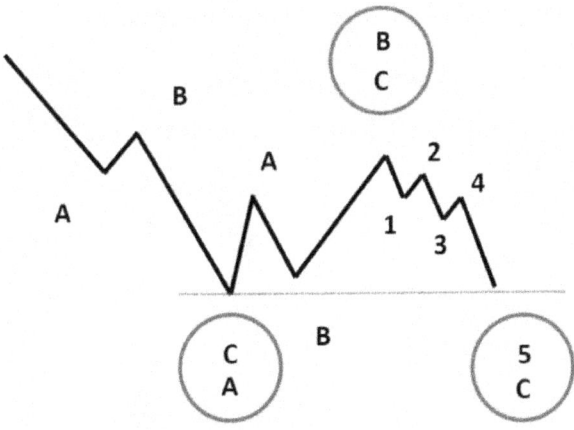

A mio avviso, una correzione piatta è una delle correzioni più difficili da identificare correttamente, poiché le correzioni false sono comuni (quando l'onda B può andare oltre il picco dell'impulso precedente, ma l'onda C non andrà al di sotto dell'onda ad impulso A).

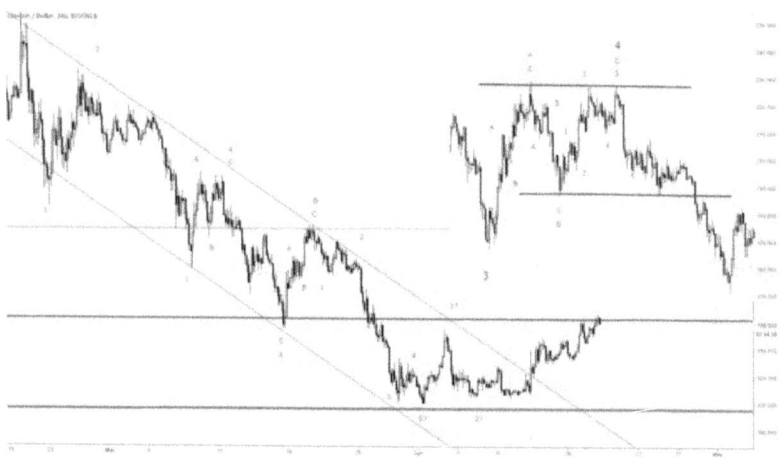

Ecco un buon esempio di correzione piatta. È una correzione laterale all'interno della tendenza al ribasso.

L'onda successiva *esegue la correzione*:

1. L'onda C è a livello dell'onda A.
2. La formula delle onde secondarie è 3-3-5.

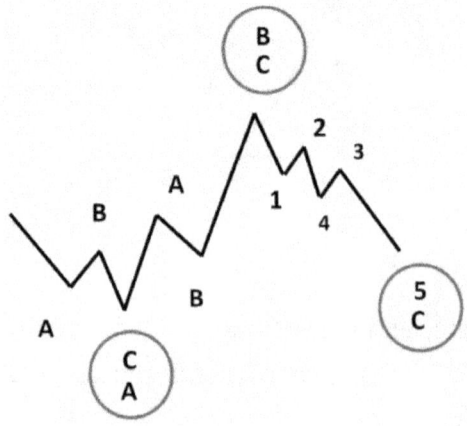

La correzione della corsa è spesso osservata durante un trend rialzista. Se vedi che l'onda C è la più breve e non raggiunge l'onda A durante un trend rialzista, è già un buon segnale che il grafico dei prezzi può rimbalzare dal livello di supporto e andare più in alto formando un nuovo impulso.

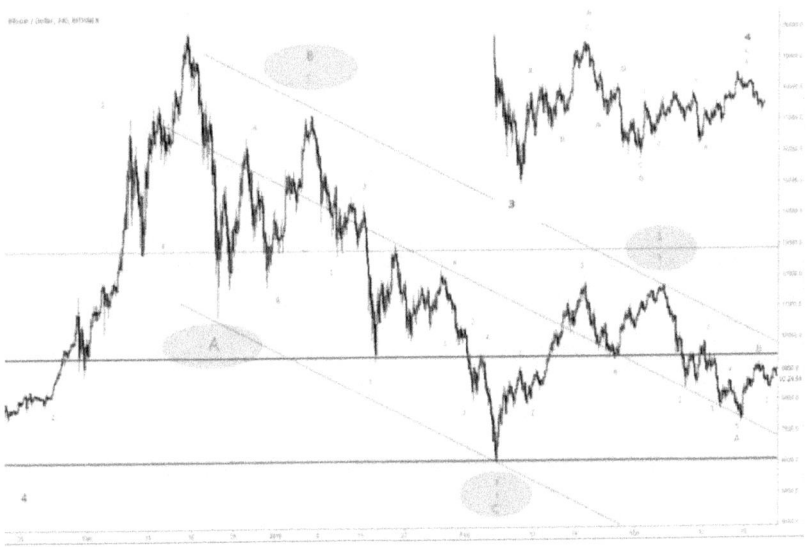

Il *Triangolo* è una struttura complicata nell'ambito della Teoria delle Onde di Elliott. È caratterizzato da:

- Osservato nelle correzioni.
- Ha una struttura a cinque onde nella Teoria delle Onde di Elliott.
- L'onda E segnala l'uscita dal modello.
- La struttura delle onde secondarie è 3-3-3-3-3.

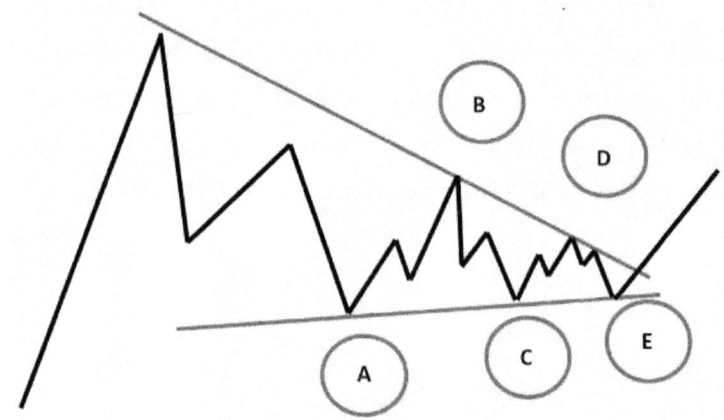

Ecco un esempio di un buon triangolo ondulato.

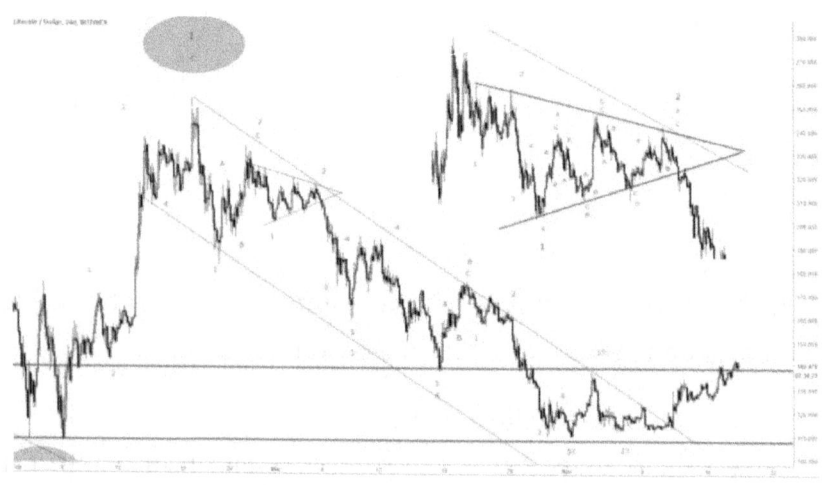

Correzioni combinate si possono trovare anche nel grafico dei prezzi delle criptovalute.

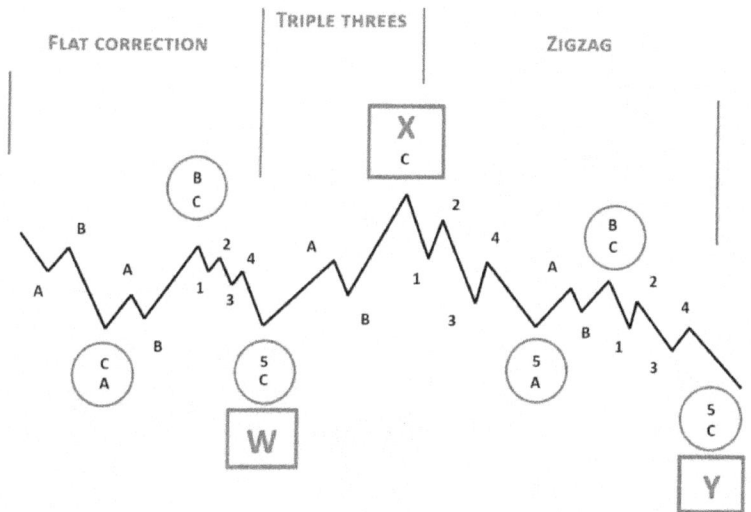

Personalmente, ho osservato una struttura combinata costruita dalla correzione piatta, in cui l'onda C non va oltre il fondo dell'onda A, seguita da una correzione di collegamento tra i tre triple, e quindi uno zigzag, che di regola serve come formazione di chiusura in combinazione strutture. Tale formazione d'onda ha la forma di WXY. Questo movimento correttivo avviene raramente, ma ci vuole molto tempo perché si formi.

Ecco un esempio di una struttura di correzione combinata sul grafico dei prezzi Dash coin / USD.

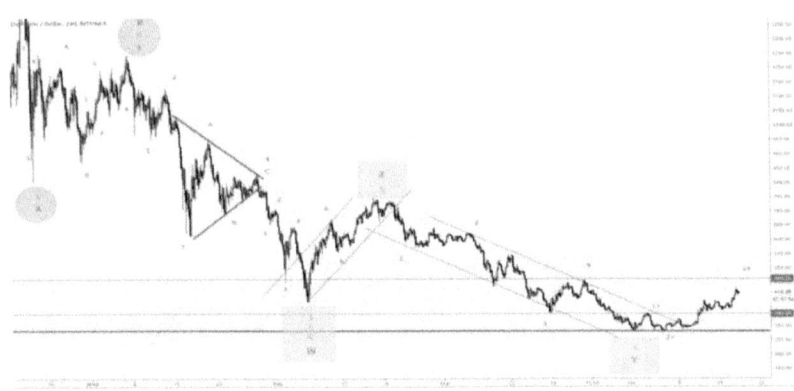

Compatibilità delle onde Elliott con altri strumenti di previsione

Abbiamo già considerato le varietà di onde. Discutiamo ora della *compatibilità della Teoria delle Onde di Elliott con i livelli della sequenza numerica di Fibonacci*. È un argomento molto ampio, ma ci concentreremo sui punti più importanti.

A proposito, molti miei colleghi trader usano le onde di Elliott combinate con le linee di Fibonacci. Pertanto, mettiti comodo e leggi attentamente.

La griglia di Fibonacci è estesa sul grafico dei prezzi nella direzione di una tendenza al ribasso dal 100% allo 0%. Se il prezzo raggiunge l'area della sezione aurea durante il movimento correttivo (i livelli di 61,8% e 50%), che allo stesso tempo sono forti, è un segnale di inversione fiducioso.

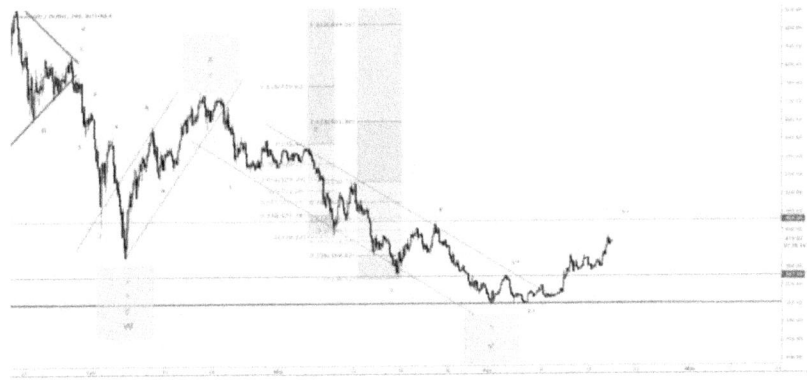

L'estensione Fibonacci può essere applicata sia in rialzo che in ribasso.

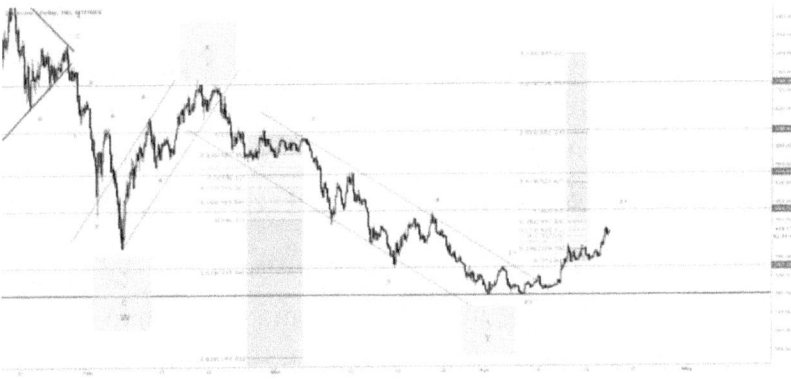

Consideriamo ora un esempio di come *combinare la Teoria delle Onde di Elliott con complesse analisi tecniche.*

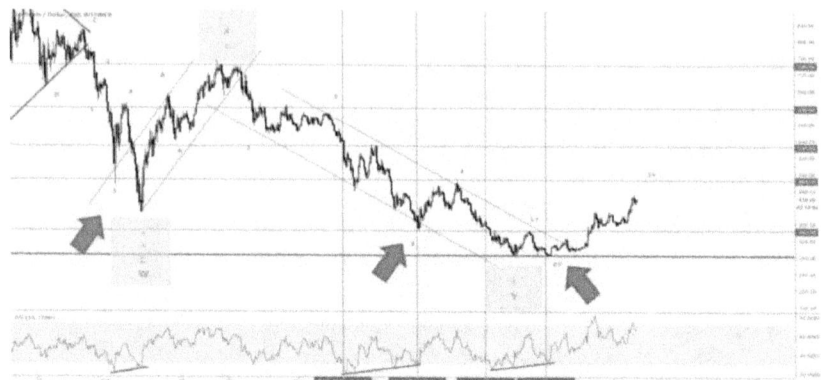

Nel grafico, ho combinato la Teoria delle Onde di Elliott con l'oscillatore RSI, che, come sapete, mostra non solo le zone di ipercomprato o ipervenduto locali, ma anche la divergenza e la convergenza. Pertanto, se le onde di Elliott ti sembrano complicate e non sei sicuro nelle tue previsioni, non sarà difficile trovare divergenze con l'aiuto di questo oscillatore. La divergenza confermerà la correttezza (o l'errore) della tua previsione.

Possiamo anche aggiungere una media mobile alle onde Elliott e all'oscillatore RSI. Più segnali riceviamo, meglio è.

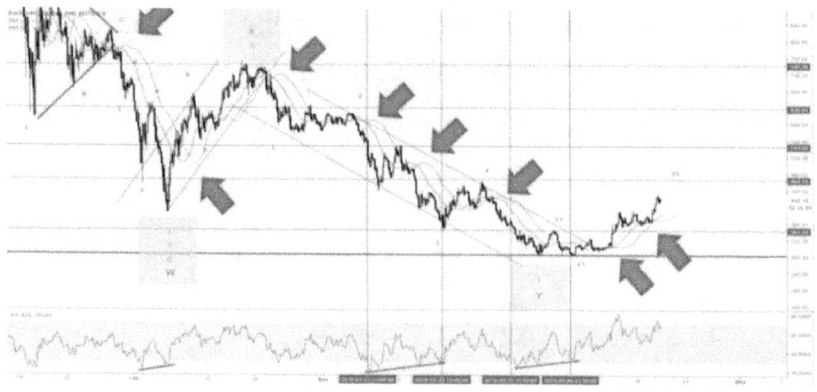

Per quanto riguarda un lasso di tempo adatto per disegnare le onde di Elliott, raccomando, come sempre, di utilizzare un principio da "grande a piccolo": prima, ad esempio, analizziamo il grafico mensile, quindi il grafico settimanale, quindi il grafico giornaliero. In questo modo puoi vedere una fase di crescita e una fase di declino in dettaglio. Cerca le onde principali in tempi lunghi; cerca la struttura interna delle onde (conferma delle onde principali) su intervalli di tempo più piccoli.

Per riassumere, vorrei notare che molte persone caratterizzano la Teoria delle Onde di Elliott come parte esotica dell'analisi tecnica. Tuttavia, un numero crescente di trader ricorre a questo strumento "esotico". In effetti, le onde di Elliott sono complicate ma molto efficienti. Ti insegnano come strutturare il grafico dei prezzi e più pratica hai con le onde, più chiare saranno per te.

Compiti a casa

1) Trova una fase di crescita e una fase di declino in un arco temporale D1 di tre grafici di criptovaluta. Contrassegna il movimento dell'impulso con i numeri 1, 2, 3, 4 e 5; contrassegna il movimento correttivo con le lettere A, B e C.

2) Trova l'estensione e il troncamento dell'onda di impulso su un intervallo di tempo H4 o H1 di tre grafici di criptovaluta.

3) Trova la correzione a zigzag, laterale o in esecuzione (in impulso o onda correttiva) su un intervallo di tempo H4 o H1 di tre grafici di cripto valuta.

4) Fai una piccola spiegazione delle tue osservazioni (non più di due paragrafi) sotto ogni grafico.

CAPITOLO 11. TRADING SU BREAKOUT DI TOP LOCALI E LIVELLI IMPORTANTI

Molti i trader considerano il breakout trading come una strategia di trading separata. Indipendentemente da come lo chiami, funzionerà quando padroneggerai le sue specifiche. Sebbene questo argomento sia semplice (rispetto alla Teoria delle Onde di Elliott), ha ancora molte peculiarità che vale la pena cogliere nella fase iniziale. Dunque, iniziamo.

Hai già capito che i mercati finanziari si muovono in modo mirato. Se osserviamo che il grafico dei prezzi si sposta verso la tendenza al rialzo, in cui ogni minimo successivo è superiore al precedente e gli operatori di mercato acquistano più della vendita, in questo caso riceviamo buoni segnali di trading. Cioè, siamo fiduciosi che gli operatori del mercato continueranno ad acquistare.

Se osserviamo una tendenza al ribasso, in cui ogni nuovo minimo è inferiore a quello precedente, comprendiamo che i trader continueranno a concentrarsi sulla riduzione dei prezzi.

Per determinare la volontà del prezzo di muoversi in una determinata direzione, molti trader utilizzano gli alti e i bassi del grafico.

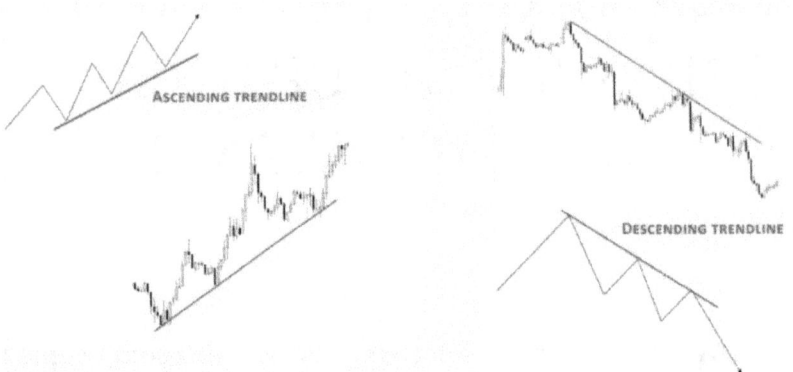

Vediamo un esempio di come è possibile ottenere un punto di ingresso aggiuntivo solo sui breakout di top locali.

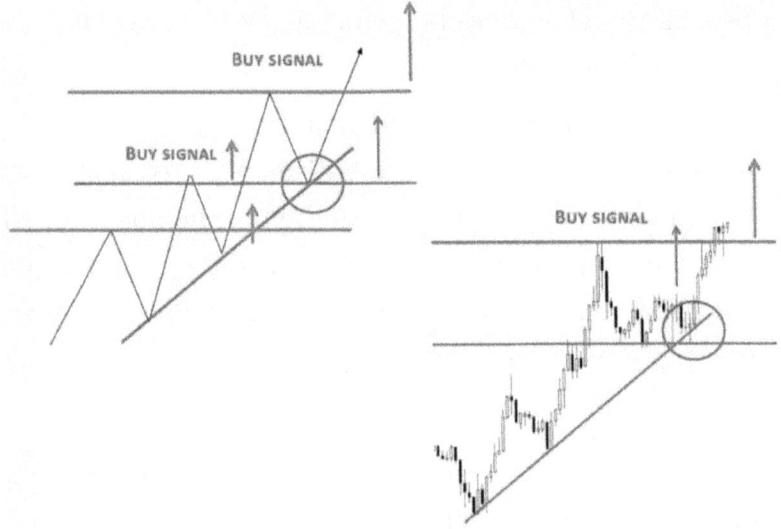

Se il grafico dei prezzi non solo rimbalza sulla linea di tendenza ascendente, in cui abbiamo identificato le cime locali ma le supera anche, riceviamo un segnale aggiuntivo. Nell'immagine a sinistra, le frecce più in basso indicano che riceviamo un segnale di acquisto anche dopo il rimbalzo del livello di supporto. Ma se hai bisogno di un segnale più affidabile, dovresti aspettare un nuovo top locale.

Quei trader che agiscono rapidamente dopo il primo segnale sono i trader aggressivi, che tendono ad assumersi dei rischi. Potresti chiedere: perché è rischioso se il prezzo è salito dal livello di supporto? Ricorda che nel mercato possono verificarsi falsi sblocchi. Inoltre, lo sfondo delle notizie può interrompere la tendenza rialzista in un minuto. Ecco perché tali trader si assumono dei rischi. Tuttavia, coloro che aspettano il secondo segnale sono sostenitori di uno stile di trading più moderato. Preferiscono aspettare fino a quando il grafico dei prezzi raggiunge un nuovo massimo e quindi effettuare il loro acquisto.

Di seguito fornirò un altro esempio di quando il grafico dei prezzi non solo rimbalza sulla linea di tendenza ascendente, ma continua anche a salire, formando un top locale.

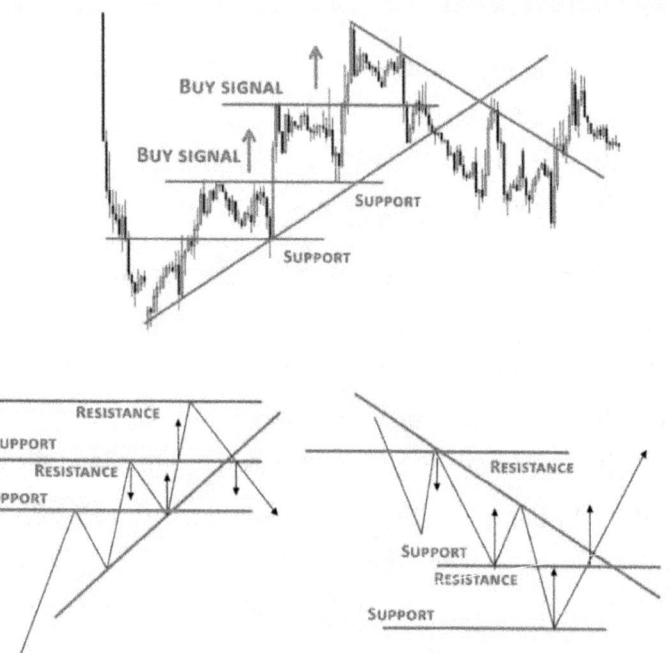

Ed ora diamo un'occhiata più da vicino alle cime ascendenti e discendenti.

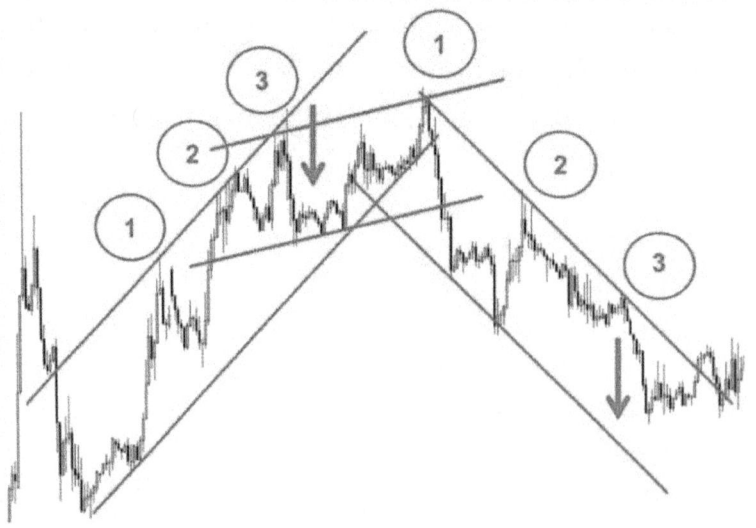

Considera come puoi utilizzare un ordine di acquisto in sospeso durante il breakout del top locale.

Riceviamo un segnale di acquisto anche quando notiamo che, sebbene il grafico dei prezzi sia leggermente tornato dopo il picco successivo, non è ancora sceso al di sotto della media mobile. Effettuiamo un ordine in sospeso al di sopra del livello di resistenza. Non appena viene violata la parte superiore locale, la tabella dei prezzi raggiungerà il tuo ordine in sospeso.

Di norma, il breakout di un top locale è seguito da un'accelerazione della tendenza al rialzo, quindi consiglio di utilizzare un ordine in sospeso per ottenere il profitto.

Se hai ancora dei dubbi sulla tua previsione, puoi mettere uno stop loss al di sotto del livello di supporto e quindi proteggerti da perdite inutili.

Ed ecco un esempio di come puoi usare gli ordini in sospeso quando fai trading usando la Teoria delle Onde di Elliott.

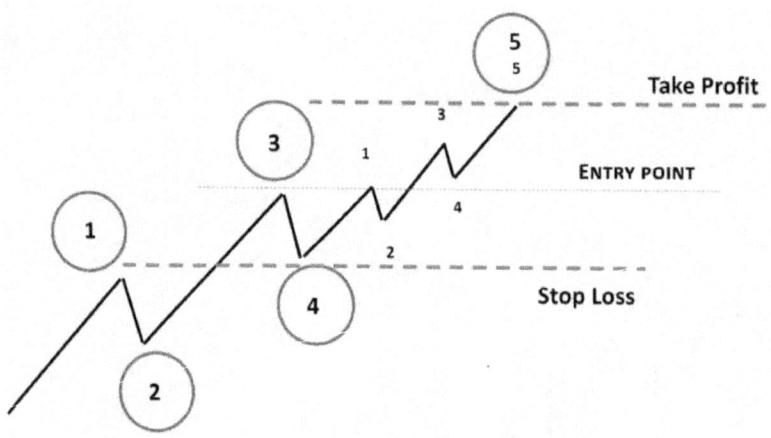

Se il grafico dei prezzi ha già formato l'onda di impulso 1 e l'onda correttiva 2, quindi l'onda di impulso 3 e l'onda correttiva 4, è facile indovinare che il mercato può andare più in alto poiché il grafico dei prezzi è in fase di movimento verso l'alto. Effettuiamo un ordine di acquisto in sospeso leggermente al di sopra dell'onda d'impulso 3 e prevediamo il completamento di un movimento a cinque onde all'interno della struttura dell'onda 5. Piazza il Take Profit a seconda della tua pazienza (o avidità:-). Per quanto riguarda Stop Loss, mettilo un po' sotto l'onda correttiva 4.

Ecco un esempio di come puoi guadagnare durante la fase correttiva del grafico dei prezzi.

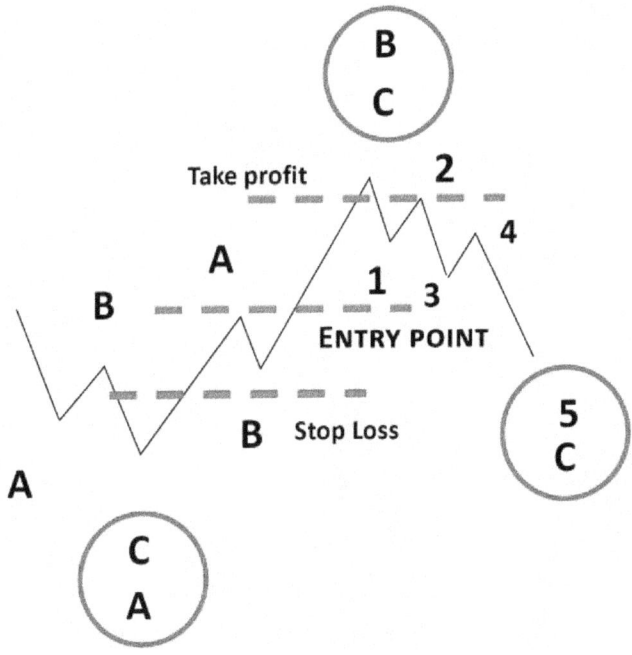

Strategia Triple Taps

Passiamo ora ad un'interessante strategia chiamata "Triple Taps." Tratta l'argomento del trading sul breakout dei top locali.

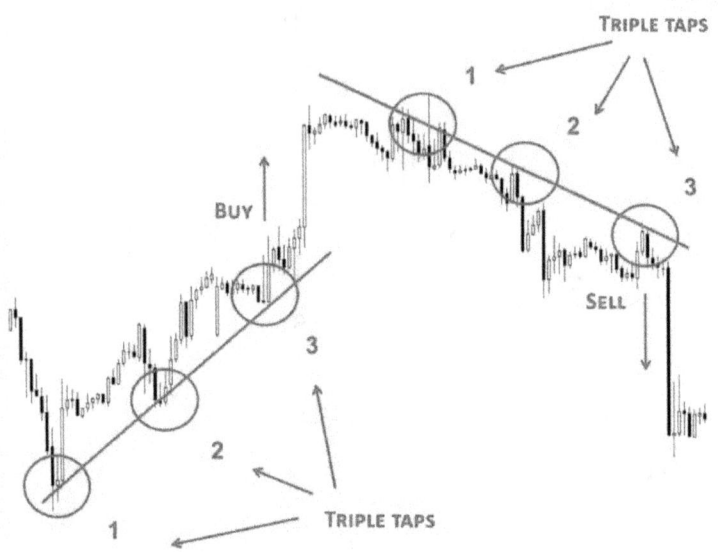

La cosa più importante in questa strategia è determinare correttamente il livello. Se vedi che il tuo livello viene testato ripetutamente (sono evidenti tre taps di prezzo), la tendenza al rialzo viene spesso accelerata dopo il terzo tap.

Le stesse cose, ma al contrario, accadono durante una tendenza al ribasso: il grafico dei prezzi si abbassa e si formano tre taps del livello, seguite da un'accelerazione al ribasso.

Questo grafico mostra che riceviamo un segnale preciso per effettuare una transazione dopo l'ultimo terzo tap di prezzo. In questa situazione, è anche possibile entrare sia dopo aver interrotto una linea sia dopo aver formato un top locale o anche dopo aver interrotto questo top.

Per ottenere una previsione più affidabile, la strategia Triple Taps può essere combinata con gli strumenti di Fibonacci.

Dopo il terzo tap, estendiamo le linee di Fibonacci dal secondo tap ad un top locale più avanti al terzo tap. Vedremo quindi dove può arrivare il grafico dei prezzi in caso di ulteriore crescita.

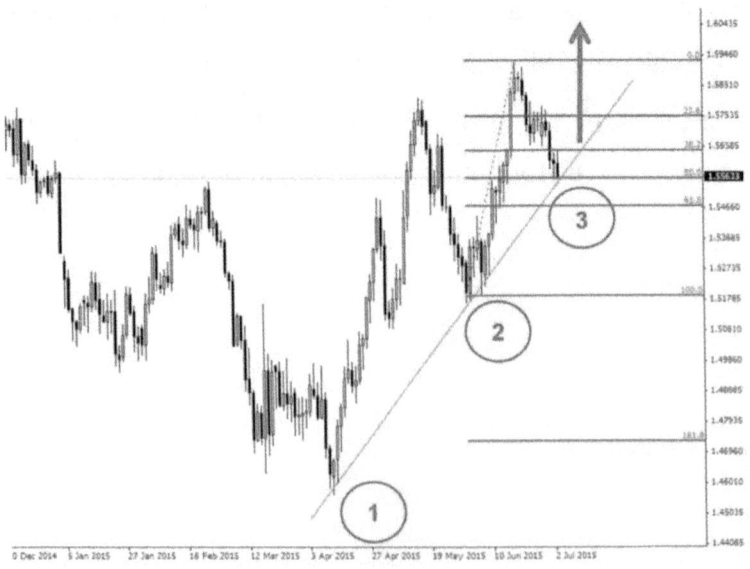

E l'ultimo esempio. Qui il terzo tap ha avuto luogo nell'area della sezione aurea secondo lo strumento di Ritracciamento di Fibonacci. Il prezzo ha raggiunto l'area del 38,2%, fissato nell'area del 50% e ha persino un pullback all'area del 61,8%. Questo segnale mostra che il movimento correttivo potrebbe terminare.

Ora riassumiamo. Il principio del trading sui breakout di top locali e livelli importanti è semplice e chiaro. Se vuoi fare trading sul mercato, aspettati il breakout di un top locale. Se sei disposto ad aspettare un po' perché non vuoi scambiare in modo aggressivo, usa un ordine in sospeso sul breakout di questo top locale. Se vuoi fare trading dall'alto verso l'alto, scegli la strategia di trading di Triple Taps. Se temi che il prezzo non superi il livello del terzo tap, effettua un ordine in sospeso per acquistare dopo il breakout di questo livello. Quando il grafico supera il livello, sarai tranquillo perché sei già in una fascia di prezzo più alta.

Ricorda che questa strategia di trading sembra essere molto semplice e facile a prima vista. In effetti, il suo intoppo principale è nascosto in un gran numero di falsi beakout quando il prezzo supera il livello ma poi ritorna. Questo fa perdere il capitale ad un gran numero di trader, soprattutto ai principianti.

Il mio consiglio in questo caso (anche se consiglio di farlo quasi in ogni sezione del mio libro) è di non usare solo uno strumento per prevedere i movimenti dei prezzi. Dovresti combinare diversi strumenti.

Compiti a casa

1) Trova i punti di riferimento per l'immissione degli ordini take profit e stop loss dopo il terzo tap del livello di definizione su H1 o H4 (questo compito pratico ti insegnerà a determinare i massimi e i minimi più vicini in modo da poter posizionare stop loss e ordini di take profit).

2) Utilizza l'estensione Fibonacci all'interno dei Triple Taps dal minimo dell'onda 2 (secondo tap) al minimo dell'onda 4 (terzo tap) nel periodo di tempo H1 o H4. Lo scopo di questo compito è imparare a trovare il potenziale del movimento durante l'interruzione del livello importante.

3) Fai una piccola spiegazione delle tue osservazioni sotto ogni grafico.

CAPITOLO 12. APPLICAZIONE COMBINATA DI TECNICHE DI ANALISI TECNICA

Non ero sicuro di dover includere questa sezione nel mio libro. A prima vista, questo argomento può sembrare indegno di una discussione separata. Tuttavia, secondo me, è importante. Inoltre, l'applicazione combinata di tecniche di analisi tecnica è uno dei miei principali approcci per prendere una decisione di trading. Ritengo che questo approccio sia impeccabile in quanto fornisce molti segnali aggiuntivi e più ne abbiamo, meglio è. Quindi, aggiungi i miei consigli al tuo arsenale.

Hai già intuito che questa sezione ci obbliga a ripetere quasi tutte le informazioni che abbiamo già appreso. Partiamo dalle basi dell'analisi tecnica. Ho detto che la regola di base dell'analisi tecnica è "La Storia si ripete." Non succede nulla di nuovo nei mercati finanziari. Tutto ciò che è mai accaduto è destinato a succedere di nuovo in futuro. Pertanto, qualunque strumento di analisi tecnica tu usi, ricorda questa regola.

Non può far male ricordare ancora una volta alcune basi della formazione delle tendenze. Se vediamo che il grafico dei prezzi segue un trend rialzista, il massimo successivo dovrebbe essere superiore al precedente. Pertanto, una sorta di scala viene costruita di fronte a noi, che mostra dove il grafico dei prezzi può andare oltre. Se parliamo della Teoria delle Onde di Elliott, questa scala dovrebbe essere chiamata la "fase di crescita."

Durante una tendenza al ribasso, è vero il contrario: ogni massimo successivo dovrebbe essere inferiore a quello precedente.

Se tracciamo livelli di supporto e resistenza al di sotto e al di sopra del grafico dei prezzi, otteniamo il canale. Pertanto, il canale è costituito da due linee parallele, tra le quali si trova un grafico dei prezzi.

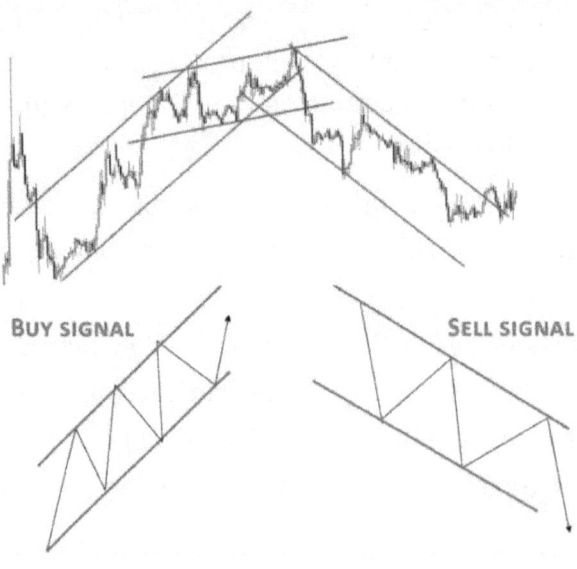

Il *supporto* è il livello al quale i prezzi sono controllati dagli acquirenti, che impediscono il loro ulteriore calo.

La *resistenza* è il livello al quale i prezzi sono controllati dai venditori, che impediscono un ulteriore aumento.

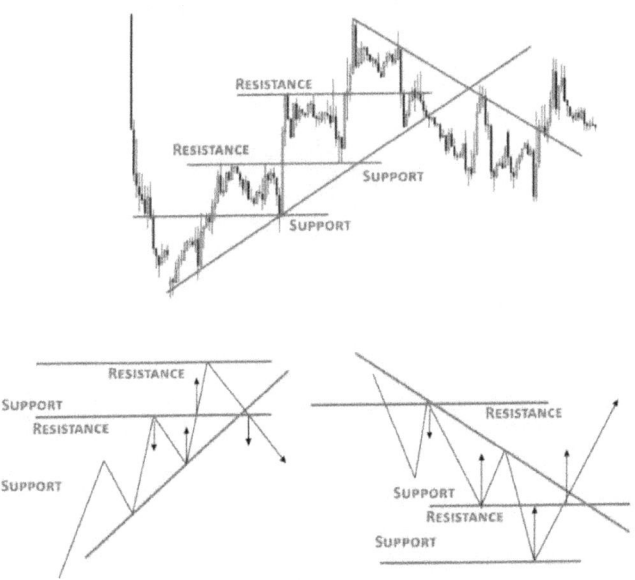

Se il prezzo rimbalza su un trend rialzista ed il grafico dei prezzi attraversa un livello di resistenza importante, cioè un top locale, allora riceviamo due segnali: il primo - rimbalzando dal livello di supporto durante un trend rialzista, e il secondo - un segnale sull'interruzione di un top locale. Il primo segnale è adatto per quei trader, che sono disposti a negoziare in modo aggressivo, mentre il secondo è per quelli che preferiscono negoziare in modo più moderato e conservatore.

Ed ora consideriamo il complesso più semplice di tecniche di analisi tecnica: l'uso di livelli di supporto e resistenza con medie mobili.

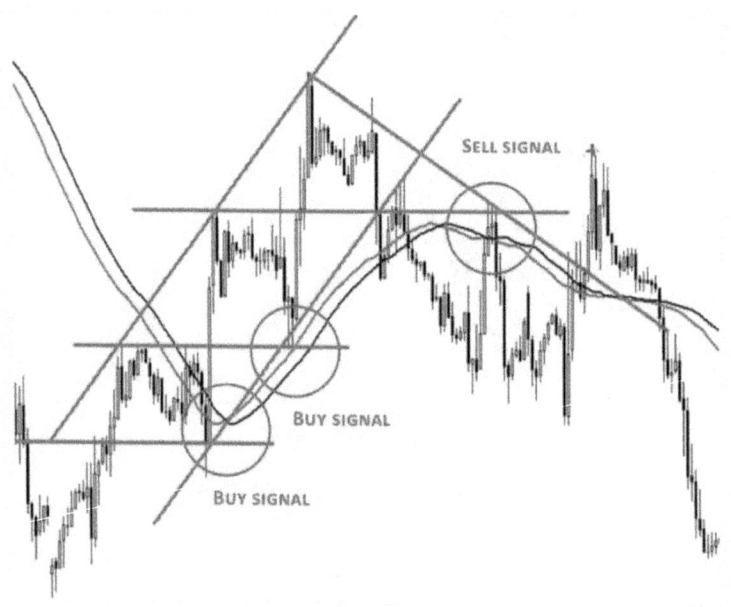

Il grafico mostra che il prezzo ha formato un canale verso l'alto. I livelli di supporto e resistenza sono indicati all'interno del canale. Pertanto, abbiamo un segnale di acquisto per effettuare transazioni all'interno del canale con un obiettivo al livello successivo. Inoltre, un ulteriore argomento è trovare una media mobile al di sotto del grafico dei prezzi, che fornisce una conferma tecnica a favore di un accordo di successo. In altre parole, se il prezzo incrocia le medie mobili e, a loro volta, si incrociano anche per segnalare la crescita, allora è un segnale molto affidabile che mostra che dovremmo aspettarci una nuova ondata di crescita. In questo caso, i nostri segnali di acquisto sono un rimbalzo delle medie mobili e un rimbalzo di una tendenza.

Consideriamo alcuni esempi più interessanti di come è possibile mettere in pratica gli elementi dell'analisi grafica insieme alle medie mobili.

Vediamo che il grafico dei prezzi ha attraversato la linea di supporto della tendenza ed è uscito da una tendenza al rialzo. Oltre a ciò, il grafico dei prezzi è sceso al di sotto delle medie mobili, che a loro volta si sono incrociate per segnalare una vendita. Nel grafico sotto vediamo un altro crossover di medie mobili e inversione della linea di tendenza. È un altro segnale di continuazione al ribasso.

Ecco un altro esempio dei segnali che riceviamo grazie all'applicazione combinata di livelli con medie mobili.

Ora è il momento di analizzare l'applicazione combinata degli strumenti di Fibonacci e le medie mobili. Non dimenticare che i numeri di Fibonacci svolgono un ruolo importante nella previsione dei movimenti dei prezzi.

Quando il grafico dei prezzi viene ripercorso rispetto al precedente movimento verso l'alto, è importante determinare la zona "sezione aurea". Ci sono controversie in corso tra i trader dove si trova la zona della "sezione aurea"? Alcuni pensano che si trovi al livello del 38,2%, qualcun altro ritiene che sia al livello del 50%, altri sostengono che sia del 61,8%. Personalmente, penso che l'area della "sezione aurea" sia compresa tra il 38,2% e il 61,8%. E più il grafico dei prezzi si inserisce in questo intervallo, maggiore è la probabilità di inversione dei prezzi. Ecco come possiamo trovare un punto di inversione.

Ecco un esempio di un'applicazione combinata di strumenti di Fibonacci e medie mobili.

Ed ora comprendiamo come è possibile utilizzare l'Indice di resistenza Relativa (RSI) insieme alle linee di tendenza. Consentitemi di ricordare che le parti superiori dell'indicatore RSI sono in genere formate al di sopra del 70%, mentre le parti inferiori si formano al di sotto del 30% e determinano la formazione di parti superiori e inferiori sul grafico dei prezzi.

Non appena il grafico dell'indicatore supera la linea del segnale, ad esempio, nella zona del 30%, comprendiamo che al momento una moneta è ipervenduta. Se il grafico dell'indicatore raggiunge la zona del 70%, significa che una moneta è ipercomprata e, quindi, ci si può aspettare il movimento opposto.

L'immagine mostra che il grafico dei prezzi stava cercando di raggiungere la resistenza locale ma non è riuscito a superare questo livello e ha perso terreno. Si noti che quando il grafico dei prezzi ha testato il livello di resistenza, il grafico dell'indicatore era nell'area di ipercomprato. Quindi vediamo che la tabella degli indicatori è andata nell'area di ipervenduto.

Ecco alcuni esempi di divergenza e convergenza sull'indicatore RSI, che vengono utilizzati insieme alle linee di tendenza.

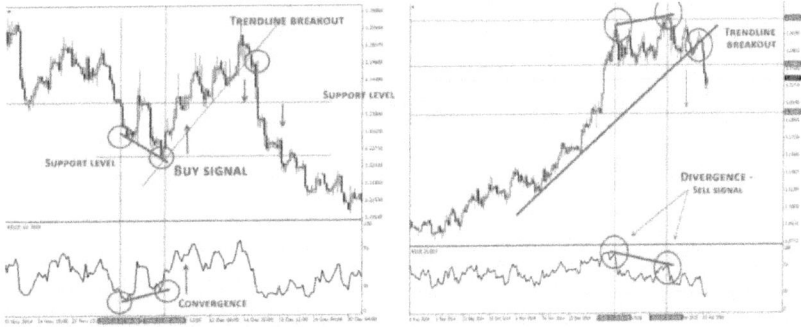

Per prevedere il movimento dei prezzi, è anche bene combinare i modelli di inversione con l'indicatore RSI. La pratica mostra che la parte superiore della testa di un modello a volte può essere molto ipercomprata, il che è segnalato dall'indice RSI. Tuttavia, i modelli possono dare segnali di divergenza.

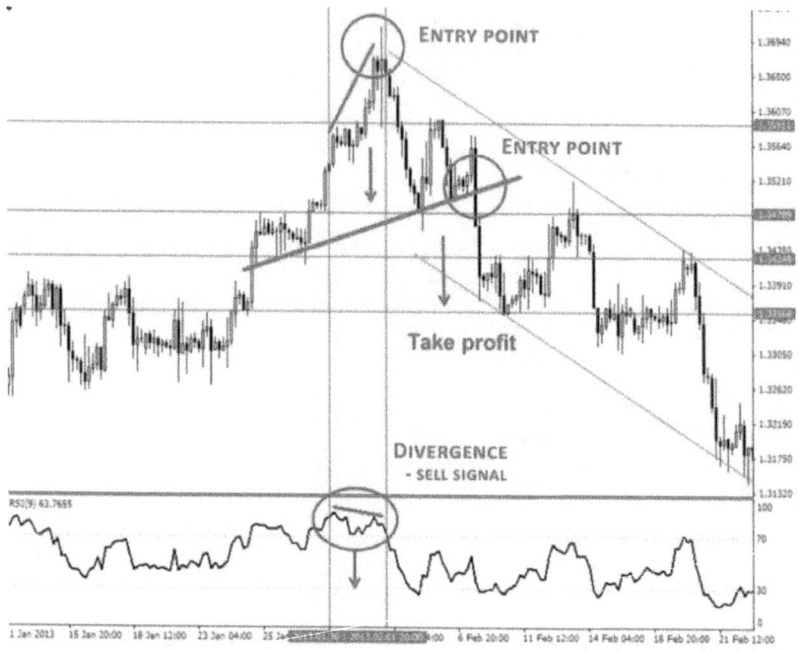

Quindi, vediamo il modello di inversione Head and Shoulders nella parte superiore del grafico. È ovvio che l'indice RSI non è d'accordo con l'ulteriore crescita della coppia di valute. Durante la formazione delle classifiche dei prezzi, in cui il picco successivo era superiore al precedente, l'indice RSI mostrava la situazione opposta, che è anche chiamata specchio. Divergenza formata. Pertanto, abbiamo ricevuto il segnale che l'asset avrebbe lasciato il range di trading e si sarebbe diretto a vendite sicure. Si noti che un ulteriore segnale di vendita ha anche mostrato un'interruzione della linea di neckline di un modello.

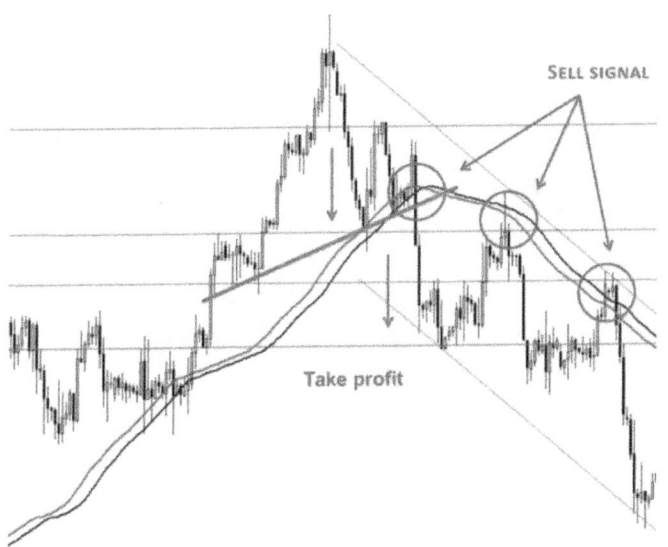

Attraverso questo esempio, osserviamo un doppio segnale di inversione di tendenza e un segnale di vendita confermato. Dopo che si è formato il modello Head and Shoulders, il crossover delle medie mobili sopra la linea del segnale era un segnale di vendita aggiuntivo dalla linea di neckline. Pertanto, è apparso un segnale per la tendenza al ribasso della formazione con ulteriore priorità di vendita. Dopo che l'attività di trading ha registrato una tendenza al ribasso, le medie mobili sono state una sorta di resistenza contro l'inversione.

E infine, consideriamo come è possibile utilizzare i modelli di continuazione del trend insieme alle medie mobili.

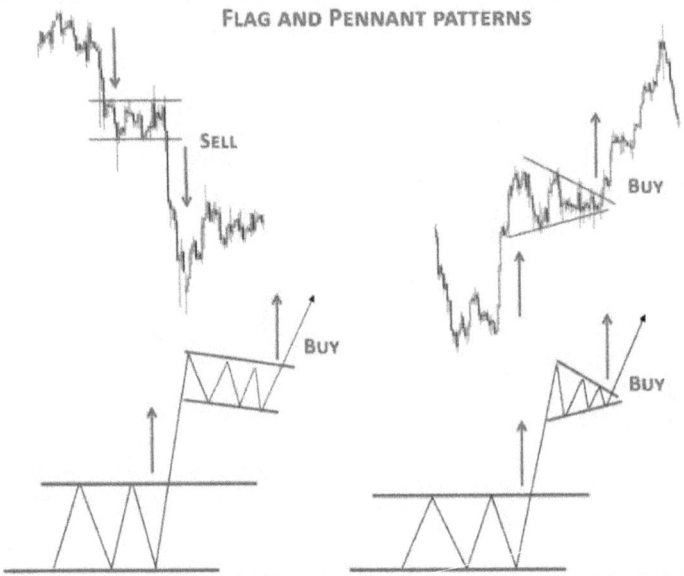

I modelli Flag e Pennant indicano brevi pause in una tendenza in via di sviluppo. La formazione di questi schemi sul grafico è preceduta da una linea ripida e quasi retta di movimento dei prezzi. Designano un mercato che, nel suo sviluppo, sale o scende, quindi si ferma per un momento prima di continuare a muoversi nella stessa direzione. Se il grafico dei prezzi ha formato un impulso seguito dal consolidamento, non importa se il prezzo sarà all'interno di un modello Flag o Pennant poiché prevediamo ancora un movimento pari all'altezza del precedente movimento di impulso.

I modelli Flag e Pennant sono tra i modelli di continuazione di tendenza più affidabili. La rottura della tendenza in questi schemi è estremamente rara.

Per quanto riguarda la combinazione dei modelli di continuazione del trend con le medie mobili: se, ad esempio, vedi un modello di continuazione del trend Pennant sul grafico, mentre il prezzo non scende al di sotto della media mobile ma cerca di sistemarsi nelle gamme più alte, è un buon segnale di acquisto. Ma se vedi che il grafico dei prezzi è pronto per uscire dal movimento consolidato all'interno di un modello Flag, mentre il prezzo rimbalza sulla media mobile, è una buona conferma che il grafico dei prezzi può colpire un obiettivo durante il movimento verso il basso.

Questi sono semplici esempi di un'applicazione combinata di tecniche di analisi tecnica che abbiamo imparato. Uno schema più dettagliato di combinazione di vari strumenti per l'analisi delle monete si chiama "strategia di trading." Tratteremo questo argomento nel prossimo capitolo.

Compiti a casa

1) Trova tutti i modelli di inversione che conosci in H1 o H4. Contrassegna almeno due segnali di trading per ogni criptovaluta insieme all'indice RSI.

2) Trova tutti i pattern di continuazione del trend che conosci in H1 o H4. Contrassegna almeno due segnali di trading per ogni criptovaluta insieme a indicatori della media mobile.

Nota: ricorda che i modelli sul grafico possono differire in modo significativo dai modelli perfetti mostrati nei manuali di trading.

CAPITOLO 13. SVILUPPARE SISTEMI DI TRADING

Mettiti comodo e leggi attentamente: ora (per fortuna o no) ci saranno meno grafici e più testo.

Poiché la criptovaluta è uno strumento finanziario unico, richiede un approccio specifico alla scelta di una strategia di trading. Sì, non nego che molti trader all'inizio della loro "carriera" fanno trading ad intuito, ma alla fine, dopo aver perso una certa somma di denaro, arrivano alla conclusione di dover sviluppare un certo elenco di regole di trading e utilizzarle. Queste regole costituiscono un sistema di trading.

Tutti possono riuscire nel trading di criptovaluta almeno una volta, ma pochissime persone possono mantenere un sistema redditizio stabile. Cosa fanno queste poche persone per ottenere questo risultato? Sviluppano la corretta strategia di trading. Voglio sottolineare: CORRETTA, non PERFETTA.

Molti dei miei studenti per qualche motivo credono che io, come altri trader di successo, abbia una sorta di strategia segreta che funziona come una macchina da soldi. Mi immaginano seduto con un bicchiere di vino, premendo alcuni pulsanti, mentre i bitcoin si riversano nel mio portafoglio. Lo credi anche tu? In tal caso, ti deluderò.

Se credi in una strategia di trading "perfetta", allora hai buone possibilità abboccare all'amo di un ragazzo perfetto che si è recentemente moltiplicato a un ritmo esponenziale. Questi ragazzi stanno promuovendo ad ogni passo la loro strategia segreta di super-dumper sostenendo che aumenterà "facilmente" la tua criptovaluta in cambio di una somma molto "insignificante e modesta". Attenzione a tali "guru" del trading! Pensa con la tua testa: perché un trader di successo dovrebbe condividere informazioni segrete con te? Pensi che ti venderà un'oca d'oro per 2 centesimi?

Si può sostenere che molti trader fanno costantemente una buona quantità di soldi. Sì, ma fanno i loro soldi grazie alla strategia CORRETTA, non PERFETTA.

Ma perché te lo sto dicendo? Voglio che tu impari una volta per tutte: non ci sono pillole magiche, nemmeno nel trading. È impossibile trovare una strategia meravigliosa che ti aiuti ad incrementare al volo le plusvalenze. Pertanto, se speravi che questo libro ti fornisse un chiaro algoritmo passo-passo per diventare un milionario di criptovaluta nel più breve tempo possibile, puoi chiudere questo libro proprio ora. Non continuare a perdere tempo. Questo libro è per i trader riflessivi che sono disposti a prendere la conoscenza e trasformarla nelle proprie decisioni di trading. Queste decisioni non dovrebbero essere mie, ma tue e solo tue!

Ti consiglio di rileggere ancora una volta le ultime frasi e memorizzarle per sempre. Per quanto strano possa sembrare, sono il segreto del trading di successo.

Ora, scopriamo cos'è un "sistema di trading".

Un sistema di trading (sistema decisionale) è un insieme di regole che un trader utilizza nel mercato. Queste regole possono essere scritte su carta o tenute a mente. La cosa più importante è che il sistema utilizzato da un trader dovrebbe essere il più adatto alle sue esigenze. Questo dipende da molti parametri:

Mediare. Scegli ciò che è più accettabile per te: trading a breve termine (diverse transazioni al giorno), trading a medio termine (da più transazioni al giorno a una o due transazioni a settimana) o trading a lungo termine (diverse transazioni all'anno).

Tolleranza al rischio. Cosa preferisci: molte perdite frequenti e minori o perdite rare e grandi?

Tempistica. Determina quanto tempo puoi dedicare al trading. Ad esempio, il trading a breve termine può richiedere tutto il tuo tempo di lavoro, mentre il trading a medio e lungo termine richiede di guardare un grafico una volta al giorno.

Capitale di trading. Valuta quale dimensione del capitale hai. Dovresti avere fondi sufficienti sul tuo conto di trading per implementare il tuo sistema. Sistemi diversi richiedono una dimensione diversa del capitale iniziale.

La tua conoscenza del mercato. La maggior parte dei sistemi decisionali sono costruiti utilizzando approcci e tecniche di analisi tecnica. Pertanto, hai solo bisogno di una conoscenza di base dell'analisi del grafico dei prezzi.

La cosa più importante è che tutti questi punti non dovrebbero caratterizzarti come membro di una determinata categoria di trader, ma prima di tutto ti insegnano a rispettare alle tue regole. Se li segui in modo coerente e non ti allontani dal percorso scelto, realizzerai un profitto.

Prima di iniziare ad analizzare specifici sistemi di trading, voglio concentrarmi su un'altra cosa. Avendo scelto un determinato sistema di trading, un trader prima o poi affronta il fatto che la sua strategia "impeccabile" inizia a causare perdite. Quali conclusioni trae il trader? È necessario ottimizzare il sistema! Un trader elimina un problema (ad esempio risintonizzando leggermente gli indicatori) e spera che ora tutto vada per il meglio e non ci saranno più transazioni non redditizie. Ma che sfortuna! Il sistema già "corretto" continua a causare danni. Un trader ottimizza nuovamente il sistema esistente e continua a negoziare, perdendo denaro. Questo processo continua fino a quando un trader perde la pazienza (o il capitale).

Cosa dovrebbe fare un trader del genere? Fermarsi ed analizzare le cause dei danni. Forse, questo aiuterà a concludere che l'ottimizzazione del sistema non era la soluzione migliore.

Il mercato delle criptovalute si sviluppa in modo molto dinamico, quindi domani potrebbe non comportarsi come ieri. Pertanto, il sistema di trading, ovviamente, è necessario, ma dovrebbe essere selezionato individualmente per ogni situazione sul mercato. Pertanto, l'elaborazione di un unico sistema di trading universale "per tutte le occasioni" non funzionerà. Devi sentire costantemente il mercato ed agire anche in considerazione della situazione specifica.

Ed ora suggerisco di prendere in considerazione due interessanti sistemi di trading. In effetti, ce ne sono molti, ma analizzeremo alcuni dei più famosi. Citerò i nomi dei trader ma non mi biasimerò per averli divulgati. Vedremo solo quale tipo di sistema di trading hanno scelto queste persone di successo.

Uno dei sistemi di trading più famosi si chiama "Bill Williams Strategy." Secondo il trader Williams, fattori casuali determinano il prezzo, quindi è impossibile prevederne il comportamento. Per questo motivo, questa analisi non comprende gli elementi di previsione.

Allo stesso tempo, sappiamo tutti che il numero schiacciante di metodi di analisi si basa sulla valutazione delle tendenze del mercato. Tuttavia, Williams è sicuro che questo sia l'errore principale e comune. Perché? È perché questa questione è molto parziale. Williams è convinto che l'interpretazione distorta dei segnali del sistema di negoziazione sia la cosa più pericolosa per un trader.

Ecco i suggerimenti di Bill Williams per l'utilizzo dell'indicatore Alligator:

- Non scambiare mai contro l'Alligatore.
- Se l'Alligatore dorme, il frattale sarà il primo segnale d'azione.
- Essendo in posizione, dovresti tenere traccia di tutti i segnali nella direzione dell'Alligatore e utilizzare la sua linea rossa come arresto.

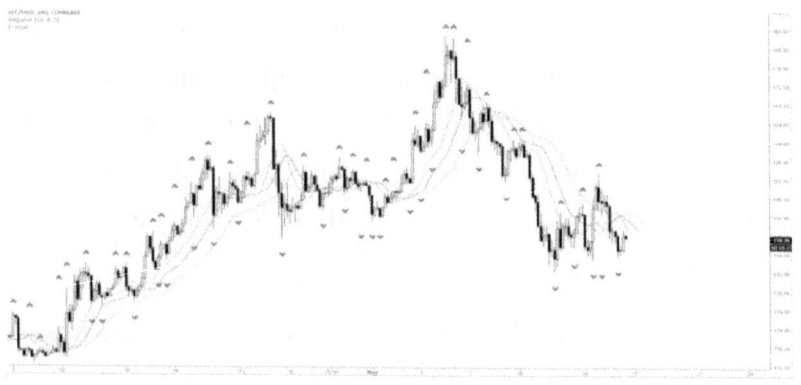

Ecco un esempio di costruzione di un "Alligatore" e frattali secondo la strategia di Bill Williams.

A proposito, raccomando di usare questa strategia sui tempi H1 e H4.

La seconda strategia interessante che prenderemo in considerazione appartiene al trader Alexander Rezvyakov. Ecco i suoi principi fondamentali:

- Fai trading in direzione della tendenza globale.
- Fai trading con asset altamente liquidi.

- Ci sarebbe una specializzazione ristretta obbligatoria in relazione agli asset scambiati.
- Filtra il rumore del mercato ed entra solo durante il segnale più forte.
- Controlla il valore atteso del profitto chiudendo rapidamente transazioni non redditizie e il massimo possesso possibile di posizioni redditizie.

La strategia di Rezvyakov è insolita. Ad esempio, suggerisce di utilizzare due intervalli di tempo: M5 e D1. Su M5, si consiglia di seguire solo SMA per determinare il prezzo medio. Un'altra caratteristica distintiva di questa strategia è il fatto che Rezvyakov propone di non analizzare la correlazione dello strumento negoziato con i mercati esteri.

I componenti principali per prendere una decisione di trading

Abbiamo preso in considerazione gli esempi di strategie di trading di alcuni trader. Ora suggerisco di procedere con l'analisi dei *componenti principali per prendere una decisione di trading*. Dato che abbiamo analizzato le tecniche di analisi tecnica praticamente su ogni pagina di questo libro, propongo di partire dai componenti dell'analisi fondamentale. Ecco a cosa devi prestare attenzione quando analizzi le notizie sulle monete:

1. Dichiarazioni di sviluppatori di cripto valuta.
2. Dichiarazioni dei regolatori (la Banca Popolare Cinese, la Banca Centrale di Singapore, la Banca del Giappone, ecc.).

3. Decisioni di CME Group Inc. (il Chicago Mercantile Exchange Group), ad esempio, sul lancio di future su cripto valuta.
4. Forks (divisioni di criptovaluta).
5. Importanti progetti ICO e campagne di crowdfunding.
6. Scandali associati ad attacchi di hacker.

Ora esaminiamo due punti molto importanti del trading che influenzano il processo decisionale di negoziazione: profit taking e identificazione del volume degli scambi.

Pertanto, il *profit taking* può verificarsi in due varianti:

1. Una percentuale fissa di profitto è uno dei modi più semplici per determinare i livelli target. Stabilisci il tasso di rendimento in termini percentuali e prendi il tuo profitto non appena viene raggiunto questo obiettivo. Questo metodo è più sicuro, ma non altrettanto efficace poiché si limita la crescita dei profitti.
2. Il livello target tecnico è determinato attraverso varie tecniche di analisi tecnica. Ad esempio, ci sono metodi per determinare obiettivi per molti modelli di analisi grafica. La Teoria delle Onde di Elliott chiarisce anche la questione degli obiettivi dei movimenti dei prezzi. Puoi anche usare le estensioni di Fibonacci per definire i target. E, naturalmente, puoi trovare livelli significativi di supporto e resistenza e ottenere profitti vicino ad essi.

Ecco un esempio approssimativo di trading e profit taking sui breakout di top locali.

Infine, il secondo punto che dovremmo comprendere: come identificare il volume degli scambi.

Il volume della tua transazione dipende da:

- Saldo del deposito.
- Percentuale del deposito che puoi permetterti di perdere in una transazione.
- Volatilità del mercato.

Impariamo come calcolare il volume degli scambi. Supponiamo di scambiare una coppia LTC / USD. Facciamo il seguente esempio di dati di input per il calcolo:

Il tuo capitale è di $ 1.000.

Il rischio in percentuale del capitale è del 5%.

Il rischio in dollari è di $ 6,85 (ad esempio, del prezzo di $ 137,11 della coppia LTC / USD).

Il numeratore è il tuo capitale moltiplicato per il rischio in percentuale del capitale e 0,01. Il denominatore è il rischio in dollari moltiplicato per il valore di una moneta in dollari.

Volume di posizione = (1000 * 5 * 0,01) / (6,85 * 137,11) = 50 / 939,20 = $ 0,05 (0,05323) o 0,00038 LTC.

Il numero 0,01 appare nel numeratore per convertire il valore del rischio in percentuale del capitale in un formato adatto all'uso nella formula del calcolo del volume degli scambi.

Dovresti anche ricordare che diverse coppie di criptovaluta hanno volatilità diversa. Se una variazione di prezzo di $ 20 al giorno è normale per una coppia di LTC / USD, una variazione in pochi decimi o centesimi può essere un ottimo indicatore per gli altri.

Ed ora una cosa importante. Dimentica tutte le informazioni sulle strategie diffuse (o non così famose). Devi formare il tuo sistema di trading, trovare il tuo punto di forza personale. Uno stesso sistema di trading, che funziona bene per un trader, potrebbe non adattarsi ad un altro. Pertanto, se riesci a formare il tuo set di regole di trading e ti porta profitto, puoi definirti un trader di successo.

Credi in te stesso. Ti assicuro che le conoscenze acquisite dopo aver letto questo libro sono sufficienti per navigare con successo nell'oceano chiamato "trading di criptovaluta." Tuttavia, voglio ancora una volta ricordarti:

> *Rimani sempre curioso e flessibile; non cercare un sistema di trading universale. Non cercare modi semplici. Analizza*

costantemente il mercato, impara cose nuove e cerca nuovi approcci. Non trasformare le tue regole di trading in una specie di scheletro stagnante, modificale e cambia te stesso insieme al mercato.

Compiti a casa

Determina due punti di entrata e di uscita usando diverse strategie di trading.

CAPITOLO 14. PROFONDITÀ DEL MERCATO O STRATEGIA DI TRADING BASATA SULLA PROFONDITÀ DEL MERCATO

Molti trader esperti che insegnano ai principianti non includono questo argomento nel loro corso. Lo giustificano dicendo che puoi negoziare senza una speciale comprensione della profondità del mercato. Sono d'accordo con loro in una certa misura, ma penso anche che questa conoscenza non ti farà male.

Allo stesso tempo, credo che la profondità del mercato sia un argomento da conoscere per alcuni trader. Se lo scambio che scegli non è particolarmente grande, devi conoscere la profondità del mercato. Ti spiegherò il perché. Un grande volume di transazioni può spostare il prezzo della moneta su piccoli scambi. Ad esempio, l'acquisto di un grande volume di Cardano può far salire il prezzo di questa moneta, mentre la vendita diminuisce. Se riesci ad analizzare la profondità del mercato, sarai in grado di prevedere questa situazione poiché vedrai tutti gli ordini in sospeso più vicini per la vendita e l'acquisto di monete con un'indicazione del volume.

Come valutare il potenziale di un particolare ordine per aumentare o diminuire il prezzo di una moneta? Confronta il volume degli ordini in percentuale rispetto al turnover giornaliero del tuo scambio.

Ma andiamo con ordine. Cos'è la profondità del mercato e come dovremmo usarla? La *profondità di mercato* elenca tutti gli ordini di acquisto e vendita di una determinata moneta nello scambio. La profondità di mercato visualizza i dati di offerta e richiesta. I trader, che desiderano acquistare una moneta ad un prezzo o ad un altro, formano una linea di offerta (bid line), mentre i trader che sono pronti a vendere una moneta ad un prezzo o a un altro, formano una linea di domanda (ask line). Se si effettua un ordine per acquistare o vendere una moneta, appare anche nella profondità del mercato.

Ecco l'esempio della profondità del mercato nell'exchange di criptovalute Poloniex per la coppia BTC / USDT.

SELL ORDERS		Total: 634.30611093 BTC		BUY ORDERS		Total: 6468604.00887059 USDT	
Price	BTC	USDT	Sum(USDT)	Price	BTC	USDT	Sum(USDT)
6333.20739013	1.16291631	7364.99016859	7364.99016859	6333.16909974	0.00015804	1.00089404	1.00089404
6333.23242000	1.26769000	8028.57540651	15393.56557510	6330.00000000	0.44075829	2789.99997570	2791.00086974
6334.00000000	1.95870244	12406.42125496	27799.98683005	6329.44915977	0.00015813	1.00087580	2792.00174584
6334.65326053	1.10200000	6980.78789310	34780.77472316	6328.33006753	0.40000000	2531.33202701	5323.33377255
6335.65417677	0.19233142	1218.54536445	35999.32008761	6328.31371637	0.19256158	1218.59008796	6541.92386051
6336.91644999	0.00150685	9.54878255	36008.86887016	6327.56135600	1.27801600	8086.68668091	14628.61054141
6338.08631193	0.08900000	564.08968176	36572.95855192	6325.50657000	0.03145993	198.99998391	14827.61053532
6338.08631194	1.67100000	10590.94222725	47163.90077917	6325.50000000	1.00000000	6325.50000000	21153.11053533
6339.68557696	0.50000000	3169.84278848	50333.74356765	6325.15000000	0.02213386	139.99998458	21293.11051991
6341.47695547	1.46100000	9264.89783194	59598.64139959	6323.79998999	0.14300000	904.30339857	22197.41391848
6342.00000000	1.00000000	6342.00000000	65940.64139959	6323.79998998	0.52626147	3327.97227871	25525.38619719
6342.66000000	0.00258957	16.42476206	65957.06616165	6322.00000000	0.00457517	28.92422474	25554.31042193
6346.59000000	0.10820000	686.70103800	66643.76719965	6321.00000000	0.06069008	383.62199568	25937.93241761
6346.59999999	0.75999973	4823.41428641	71467.18148606	6320.00000000	0.24000000	1516.80000000	27454.73241761
6349.99999999	3.50000000	22224.99999996	93692.18148602	6319.66743181	3.50000000	22118.83601134	49573.56842896
6350.00000000	0.09440749	599.48756150	94291.66904752	6318.57108864	0.00000274	0.01731288	49573.58574183

Throttle Updates 1s ▼   Order Grouping 8 decimals ▼

A parte la profondità del mercato, raccomando anche di prestare attenzione ai dati della tabella della storia commerciale, che, di norma, è alla profondità del mercato sul sito web del tuo scambio. Tutti gli ordini eseguiti sono visualizzati qui. Grazie a questi dati, sarai in grado di valutare quali ordini erano attivi o passivi, se ordini di grandi dimensioni venivano eseguiti o rimossi, ecc.

TRADE HISTORY MARKET TRADES | MY TRADES

Date	Type	Price (USDT)	Amount (BTC)	Total (USDT)
2018-10-31 09:37:53	Buy	6333.89999997	0.15472619	980.02021483
2018-10-31 09:33:54	Buy	6333.20739016	0.11655602	738.17344723
2018-10-31 09:33:54	Buy	6333.20739000	0.40000000	2533.28295600
2018-10-31 09:33:54	Buy	6333.20738999	0.18344398	1161.78876978
2018-10-31 09:30:17	Buy	6331.11000000	0.00044697	2.82981623
2018-10-31 09:30:17	Buy	6331.11000000	0.02855440	180.78104738
2018-10-31 09:30:17	Buy	6331.10999997	0.80546367	5099.47909574
2018-10-31 09:29:59	Buy	6331.11000000	0.00100000	6.33111000
2018-10-31 09:26:42	Buy	6330.00000000	0.01779406	112.63639980
2018-10-31 09:22:29	Buy	6330.00000000	0.01882291	119.14902030
2018-10-31 09:22:29	Buy	6330.00000000	0.03992490	252.72461700
2018-10-31 09:22:28	Buy	6330.00000000	0.01072500	67.88925000
2018-10-31 09:22:27	Buy	6330.00000000	0.00862559	54.59998470
2018-10-31 09:22:27	Buy	6330.00000000	0.01836522	116.25184260
2018-10-31 09:21:45	Buy	6330.00000000	0.01592680	100.81664400
2018-10-31 09:21:44	Buy	6330.00000000	0.01561888	98.86751040

Passiamo ora alla strategia di trading utilizzando la profondità del mercato. In realtà, questa strategia è semplice come l'ABC.

Come posso consigliarti di entrare nel mercato in modo che il tuo ordine abbia maggiori probabilità di essere eseguito? Devi unirti ai grandi giocatori del mercato. Effettua il tuo ordine prima di un altro grosso ordine che trovi nella profondità del mercato.

Supponiamo di aver trovato un ordine con un volume molto grande per la vendita di EOS in profondità sul mercato. Fai l'ordine per vendere questa moneta allo stesso prezzo di un grande giocatore. Un grande ordine da un giocatore con un grande volume può spostare il prezzo nella sua direzione, quindi anche il tuo ordine verrà eseguito. Possiamo scommetterci.

Grazie alla profondità del mercato, puoi anche vedere una possibile inversione. Ad esempio, il mercato scende, ma si vedono gli ordini con un grande volume collocati per l'acquisto in profondità nel mercato. In una situazione del genere è possibile che questi ordini riescano a fermare la caduta del mercato e dargli una spinta.

Cerca sempre di analizzare attentamente la profondità del mercato, in modo da capire fino a che punto il prezzo può scendere o salire.

Ma non dimenticare che ci sono ordini sia attivi che passivi. Nessuno può garantire che un grande giocatore che segui non annullerà il suo ordine. Dopotutto, molti ordini di grandi dimensioni vengono effettuati solo per spaventare i giocatori meno esperti.

Dovresti anche capire che è importante non essere avidi in questa strategia. Dovresti prendere immediatamente il tuo profitto, anche se in piccole parti. Un ordine di grandi dimensioni può spostare il prezzo in una direzione o nell'altra, ma non sappiamo quanto sarà grande questo spostamento, quindi è importante prendere i profitti in tempo.

Allo stesso tempo, devi capire che ci sono linee e livelli psicologici. Di regola, grandi ordini sono posti a determinati livelli psicologici. Innanzitutto, trova un grosso ordine nella profondità del mercato e poi guarda dove si trova sul grafico. È molto probabile che un livello elevato rimanga all'interno di questa fascia di prezzo.

In una parola, l'analisi della profondità del mercato non è una componente obbligatoria di un trader di successo, ma la conoscenza di questo strumento può diventare una specie di jolly nel tuo mazzo di carte, confermando che il mercato si sta muovendo come previsto.

Pertanto, al fine di ottenere un risultato qualitativo delle previsioni, è necessario combinare l'analisi tecnica con i dati di approfondimento del mercato sullo scambio. A volte la profondità del mercato può essere informativa e può aiutarti non solo a fare un'analisi di alta qualità, ma anche a trovare i punti di entrata e uscita di maggior successo.

CAPITOLO 15. ANALISI FONDAMENTALE

Per prevedere il movimento dei prezzi della criptovaluta negoziata, un trader ha due metodi principali: analisi fondamentale e tecnica. Mentre l'analisi tecnica, che abbiamo già analizzato in dettaglio, è la previsione del valore della criptovaluta basata su grafici, l'analisi fondamentale si basa su fattori economici, politici e sociali, cioè sull'analisi di tutte le informazioni disponibili su una determinata moneta. Un analista è alla ricerca di una catena logica di collegamenti che può portare a determinate conseguenze.

L'analisi tecnica può aiutare a prevedere il valore della valuta a breve termine, mentre l'analisi fondamentale si concentra sul lungo termine. Pertanto, l'analisi fondamentale non riguarda il prezzo, ma riguarda tutti i fattori che influenzano il suo movimento. L'analisi fondamentale richiede uno studio approfondito di tutti i fatti, compresi quelli che influenzano il valore della valuta per un lungo periodo di tempo - una settimana, un mese o diversi mesi. In altre parole, l'analisi fondamentale è lo studio di ciò che non è ancora nel grafico ma che alla fine diventerà oggetto di analisi tecnica.

Se pensi che l'analisi fondamentale sia molto più semplice di quella tecnica, dovrò essere in disaccordo con te. Trovare una relazione causale tra prezzo e gran parte delle notizie non è per niente facile.

Se mi chiedi quale dei due metodi di analisi sia più efficace, risponderò entrambi. Un trader professionista è un partecipante al mercato finanziario che è in grado di utilizzare tutti gli strumenti di analisi.

Le tecniche di analisi fondamentali furono utilizzate per la prima volta nel mercato tradizionale americano e i suoi fondatori sono considerati due finanzieri americani: Benjamin Graham e David Dodd, che pubblicarono il libro "Security Analysis" nel 1934. È su questo lavoro che gli analisti di tutti i mercati finanziari, utilizzando l'analisi fondamentale, fanno ancora affidamento.

L'analisi fondamentale si basa su diverse tesi:

1. Prezzo di eventuali variazioni degli asset a causa di determinati motivi (ad esempio, nel trading dobbiamo cercare uno squilibrio tra il prezzo di mercato e il valore reale).
2. I motivi della variazione di prezzo possono essere rilevati attraverso uno studio dettagliato dei fatti che riguardano un determinato asset.
3. Ogni fatto comporta determinate conseguenze che incidono sul prezzo di un asset.

4. Se si conoscono tutti i fatti e si traggono conclusioni logiche corrette, è possibile prevedere cosa accadrà ad un asset in futuro.

Pertanto, se si decide di condurre l'analisi fondamentale, sono necessari i seguenti elementi:

- Notizie sulla regolamentazione del mercato.
- Eventi politici ed economici (riunioni dei leader mondiali per discutere della regolamentazione e dello sviluppo del mercato delle criptovalute; programmi e misure statali sull'elaborazione della legislazione corrispondente all'interno del Paese, ecc.).
- Notizie di aziende coinvolte nel business delle criptovalute (forks, integrazione con il settore dell'economia reale, un aggiornamento della tabella di marcia dell'azienda, ecc.).
- Conferenze stampa degli attori che influenzano il mercato.

Ora identifichiamo tutte quelle fonti di informazioni che utilizziamo più spesso per l'analisi fondamentale nel trading di criptovaluta:

- Informazioni sulla criptovaluta stessa (siti di sviluppatori, coinmarketcap.com e risorse simili, Twitter, Reddit, canali Telegram, ecc.).
- Bloomberg - uno dei principali fornitori di informazioni finanziarie per i partecipanti professionali nei mercati finanziari.

- CNBC - Canale di notizie commerciali via cavo e via satellite americano.
- Reuters - una delle maggiori agenzie di notizie internazionali e finanziarie.

Inoltre, esistono anche informazioni cosiddette "non registrate", ad esempio dati interni. Ma devono essere controllate con molta attenzione.

In breve, è necessario utilizzare un gran numero di risorse diverse per condurre un'analisi fondamentale del mercato delle criptovalute. Tuttavia, non dimenticare che non puoi far bollire l'oceano. Non sarai in grado di prendere in considerazione tutte le informazioni contemporaneamente, quindi suggerisco di filtrare le fonti.

Ti spiego. Ad esempio, conosco molti colleghi trader che monitorano più di 40 canali Telegram sulla criptovaluta. Nel tempo, si sono persi nelle informazioni e ora non sono in grado di separare le informazioni principali da quelle secondarie, per non parlare dei fake.

A giudicare dalla mia esperienza personale, dovrei dire che una grande quantità di notizie per l'analisi è negativa, ma anche una piccola quantità di notizie per l'analisi è negativa. Cosa dovremmo fare, allora? Trova il numero minimo di fonti di qualità per l'analisi delle notizie. Se passi troppo tempo a leggere le notizie e poi passi molto tempo sull'analisi tecnica, potresti iniziare ad odiare il trading in sei mesi. Pertanto, cerca la quantità ottimale di risorse per ottenere le informazioni necessarie per l'analisi fondamentale.

Può sembrare che tutto sia semplice: basta leggere le notizie e analizzarle. Tuttavia, il problema del mercato delle criptovalute sta nel fatto che è molto giovane e non regolamentato, il che significa che è un po' "selvaggio" e può essere manipolato. Questo è il motivo per cui non abbiamo un campo informativo che possa essere attendibile al 100%. A volte non siamo in grado di determinare se le informazioni che abbiamo scoperto su un progetto siano vere o manipolate dalla parte interessata. Credimi, ci sono molte parti interessate nel mercato delle criptovalute.

Ad esempio, quando una delle più grandi agenzie di stampa del mondo pubblica una certa notizia facendo sì che molti investitori "scarichino" una certa criptovaluta, e in seguito questa agenzia dice "Mi dispiace, abbiamo fatto confusione", sorge la domanda: è stato un errore?

Pertanto, due stati psicologici di paura prevalgono sempre nel mercato delle criptovalute: un timore è che potresti perdere l'opportunità di fare soldi, mentre il secondo è l'incertezza: non andrà tutto a gambe all'aria adesso? Queste due emozioni competono sempre e i grandi giocatori e le parti interessate le vivono costantemente. Pertanto, è difficile per noi assemblare un'immagine intera come un puzzle da molti componenti dell'analisi fondamentale e trarre una conclusione finale sulla direzione del movimento di criptovaluta.

Ma diamo un'occhiata al mercato delle criptovalute dall'altra parte, che, al contrario, dimostra i vantaggi di essere "selvaggio" e facilmente manipolabile. Oggi non ci sono praticamente partecipanti professionali nel mercato delle criptovalute. La maggior parte dei giocatori del mercato sono investitori privati.

Qual è la differenza tra il mercato delle criptovalute "selvaggio" e altri mercati tradizionali?

- Pumps / dumps (aumentare o diminuire artificialmente il valore della moneta).
- Alta volatilità.
- Movimento vibrante della folla.

Da un lato, tutti questi fattori sono una sorta di vantaggio in quanto rendono il nostro processo di guadagno molto più semplice. Tuttavia, è necessario comprendere che l'impatto di questi fattori finirà prima o poi. Pertanto, beneficeremo di questi vantaggi mentre avremo tale opportunità).

E infine, ecco alcuni siti e servizi che consiglio di aggiungere ai preferiti sul tuo computer:

www.tradingview.com è un social network (ne abbiamo già discusso in precedenza), in cui vari trader condividono le loro idee di trading; altri partecipanti hanno l'opportunità non solo di monitorare il funzionamento delle previsioni degli operatori, ma anche di "disegnare" sui loro grafici.

www.coinmarketcap.com consente il monitoraggio delle dinamiche del mercato delle criptovalute.

www.worldcoinindex.com è un servizio che consente di tenere traccia delle statistiche sulle monete. Qui puoi vedere le dinamiche dello sviluppo delle monete anche, ad esempio, per un periodo di un anno.

www.coinigy.com ti consente di unire in un unico posto molti scambi su cui puoi operare contemporaneamente.

www.coinchecup.com consente di ottenere ancora più informazioni sulle monete e sulle dinamiche del loro sviluppo.

www.3commas.io aiuta a negoziare automaticamente sugli scambi.

www.iconomi.net aiuta a scoprire gli ICO.

www.coinmarketcal.com è un calendario di notizie sulle monete.

Non nominerò siti di notizie specifici per ottenere informazioni sul mercato delle criptovalute. È una questione molto soggettiva poiché alcuni trader credono in un sito di notizie che altri considerano una merda. La scelta è tua.

Ricorda una cosa: al fine di condurre un'analisi qualitativa fondamentale, prima decidi sulle fonti di informazione. Crea un elenco di siti specifici di cui ti fidi. Se fai trading entro la giornata, avrai bisogno di feed di notizie che forniscano informazioni in tempo reale. Se ti concentri sul trading a lungo termine, leggere le recensioni di notizie la sera ti basterà.

Indicatori fondamentali per l'analisi delle monete

Abbiamo discusso, senza entrare nei dettagli, le informazioni e le risorse per l'analisi fondamentale, ma ora diamo un'occhiata più da vicino agli indicatori fondamentali che dovremmo valutare se hai già scelto una particolare criptovaluta su cui desideri speculare.

Richiesta per la criptovaluta. Devi capire chi e perché c'è bisogno di questa o quella criptovaluta. I partecipanti alla comunità di criptovaluta sono interessati alle monete che possono essere utili al mercato stesso o possono integrarsi nell'economia.

Ogni criptovaluta ha il suo scopo. Alcune sono destinate al trasferimento di valore, altre possono aiutare a costruire una determinata attività, mentre altre sono progettate per l'archiviazione di enormi database. Ogni criptovaluta è su misura per raggiungere determinati obiettivi, quindi è ovvio che ogni moneta non può essere adatta ad ogni persona. Oggi ci sono circa 2000 diversi tipi di criptovaluta. Ognuno di essi offre una sorta di valore. Ma ricorda che il valore non è uguale al prezzo. Il mercato potrebbe essere troppo entusiasta o troppo scettico su una determinata moneta. Il nostro obiettivo è quello di cogliere il momento in cui esiste una discrepanza tra valore reale e prezzo di mercato.

Metodi di estrazione o ricezione di criptovaluta. È necessario stimare quante persone potrebbero avere questa valuta in futuro e, di conseguenza, quante persone la useranno. Ad esempio, comprendiamo che il mining di Bitcoin non è economico in quanto devi acquistare attrezzature speciali e pagare le bollette dell'elettricità. Poiché questo processo è permanente, è improbabile che i miners di Bitcoin lo vendano in perdita. Formeranno un certo prezzo e non venderanno più ad un prezzo inferiore.

Numero di monete già esistenti e in attesa di rilascio. Se valuti questo fattore nella moneta di tua scelta, puoi comprenderne la potenziale rilevanza in futuro. Non è un segreto per nessuno che una quantità limitata di una particolare moneta aumenti il suo valore, mentre un'emissione illimitata, al contrario, può svalutare la valuta, specialmente se non è così popolare. Ad esempio, se ti chiedi perché XRP sia molto più economico di Bitcoin, confronta la quantità di entrambe le monete in circolazione.

L'attuale posizione della criptovaluta nel mercato. Questo indicatore fondamentale è stimato da una serie di fattori economici. L'attuale posizione della moneta influisce sul suo futuro. Ad esempio, la criptovaluta con una capitalizzazione di miliardi di dollari ha più prospettive di un asset con una capitalizzazione di $10.000. Ecco un semplice esempio: quattro ragazzi sconosciuti che lavorano in una sorta di garage dimenticato da Dio hanno più possibilità di aumentare il loro capitale mille volte rispetto al famoso Google.

Volume del trading. Questo indicatore mostra il numero di persone interessate alla criptovaluta. Inoltre, dovresti distinguere tra trader ed investitori a lungo termine. Il dominio dei trader indica il valore della moneta come uno strumento speculativo momentaneo, mentre la prevalenza degli investitori indica le sue prospettive per il futuro.

Indicatori di crescita dei prezzi. Il prezzo può dimostrare non solo un aumento o una diminuzione del valore di mercato di una moneta, ma anche un aumento o una diminuzione delle persone interessate.

La posizione della criptovaluta nel mercato tradizionale. Analizzando questo aspetto, sarai in grado di comprendere l'ulteriore rilevanza di una moneta al di fuori del mercato delle criptovalute. Qui è necessario utilizzare i fatti riguardanti la politica degli Stati nei confronti di una moneta. Ad esempio, autorizzazioni, divieti, utilizzo in un determinato settore e così via.

Informazioni sullo sviluppatore. Scopri chi rappresenta una moneta e come queste persone possono contribuire al suo sviluppo.

Analisi delle attitudini attuali degli utenti. Siamo interessati all'atteggiamento degli utenti delle monete nei confronti delle loro prospettive.

Questi sono tutti i principali indicatori fondamentali per l'analisi delle monete. Tuttavia, voglio sottolineare che potrebbero esserci molti altri fatti da ricercare. Questo elenco potrebbe essere diverso per ogni particolare moneta e il tuo compito, come analista, è quello di raccogliere quanti più fatti possibili su una particolare criptovaluta.

Ora presenterò una strategia di analisi fondamentale non sofisticata, che chiamo "Trading utilizzando le notizie." Si basa sul rilascio di importanti notizie economiche, politiche o di altro tipo, a cui la criptovaluta, di regola, è molto sensibile.

Dividerei tutte le notizie in pianificate e non pianificate. Le notizie pianificate vengono rilasciate in base al calendario delle notizie, mentre quelle non pianificate si verificano spontaneamente, quindi è molto difficile basare il proprio lavoro su tali notizie. Quindi, se sai che una notizia positiva su una determinata moneta verrà rilasciata in un determinato giorno, dovresti effettuare un ordine per acquistarla. Se le notizie sono buone, il prezzo della tua moneta salirà e riuscirai a farci dei soldi.

In effetti, il trading usando le notizie non deve essere sottovalutato. Molti grandi investitori nel mercato delle criptovalute spendono una grande quantità di denaro per accedere ai servizi di notizie e scoprire informazioni un po' prima degli altri partecipanti al mercato.

Potresti esserti imbattuto in una situazione del genere: leggi delle notizie importanti su una moneta, vai allo scambio e vedi che un movimento molto attivo è in atto già da un po'. Ti unisci a questo movimento inserendo il tuo ordine di acquisto, ma che sfortuna, il mercato inizia già a declinare. Cos'è successo? Il fatto è che l'informazione che era una novità per te non era più tale per i market maker o per i grandi squali del mercato. Si sono fermati proprio all'inizio dell'onda ascendente del prezzo delle monete a causa di questa notizia, mentre tu salti dentro quando hanno iniziato a chiudere le posizioni. A chi pensi che questi squali vendano le loro monete all'ultimo momento? Le vendono a te. Cioè, senza saperlo, sei diventato uno di quei trader "munti" da grandi giocatori.

Pro e contro dell'analisi fondamentale

La prima cosa che devi ricordare è che l'analisi fondamentale non è una cura per tutto. Nonostante il fatto che possa interrompere l'analisi tecnica invertendo la tendenza, l'analisi fondamentale dovrebbe essere utilizzata insieme all'analisi tecnica.

L'analisi fondamentale viene utilizzata sia per gli investimenti che per il trading. Si adatta ancora meglio agli investimenti poiché con il suo aiuto possiamo capire quali monete dovremmo aggiungere al nostro portafoglio di investimenti e quali dovremmo rimuovere. Usando l'analisi fondamentale nel trading a breve termine, possiamo capire quali notizie faranno salire le monete.

L'analisi fondamentale ci consente di ottenere una nozione generale del mercato delle criptovalute e di concentrarci su di esso. Migliora la qualità delle tue previsioni, ma di per sé non è in grado di rispondere alla domanda principale: comprare o vendere. È uno strumento ausiliario. È prezioso per insegnarci a distinguere tra valute affidabili e valute fraudolente.

L'analisi fondamentale della criptovaluta è uno strumento affidabile per fare previsioni a lungo termine. Nonostante la diversità delle informazioni per l'analisi, è difficile perdere i fatti più importanti e significativi. La maggior parte delle informazioni necessarie per la ricerca di base è con accesso aperto (dagli indicatori economici agli indicatori di attività della comunità), quindi la gamma principale di informazioni è sempre a disposizione di un analista. Ma non dimenticare che l'analisi fondamentale funziona solo per le previsioni a lungo termine, cioè non ti mostrerà i punti di entrata o di uscita. Per "indovinare" a breve termine, è necessario applicare l'analisi tecnica.

Ora parliamo delle carenze dell'analisi fondamentale.

La necessità di raccogliere tutte le informazioni sulla criptovaluta, riportate in diverse fonti e in momenti diversi, è uno dei principali svantaggi dell'analisi fondamentale. Questo rende l'analisi fondamentale molto limitatamente applicabile per un principiante. Quindi, in pratica, non è così facile stabilire relazioni causa-effetto come potrebbe sembrare a prima vista. Ad esempio, spero che tu sappia che EOS è il principale concorrente di Ethereum. Quale impatto dovrebbe avere su Ethereum? Abbastanza negativo, ma d'altra parte, ricordiamo la regola "Il prezzo tiene conto di tutto." Pertanto, quando il prezzo EOS aumenta, l'Ethereum non diminuisce necessariamente.

Ma poniamoci un'altra domanda: esistono analisi che forniscono previsioni al 100% del comportamento del mercato delle criptovalute? La risposta a questa domanda è inequivocabile: non esistono, a meno che tu non sia Nostradamus, ovviamente. Il mercato delle criptovalute è così volatile che è impossibile prevederlo al 100%.

Se sei ancora convinto di fare previsioni con una garanzia del 100%, dimostrerò come una qualsiasi delle tue previsioni può trasformarsi da una garanzia del 100% in un fiasco completo. Per fare questo, elencherò alcuni fattori che innescano i cambiamenti nel mercato delle criptovalute:

- Enti regolatori del governo.
- Offerta e domanda nel mercato.
- Coinvolgimento della popolazione mondiale.
- Notizie false.
- Notizie dai "manipolatori".
- Conformità con la tabella di marcia dei progetti di cripto valuta.
- Attacchi hacker e relativi rischi.

Tuttavia, per fortuna, tutti questi fattori influenzano molto spesso il prezzo di una moneta come un'eccezione piuttosto che una regola. Pertanto, tutti gli strumenti per l'analisi della criptovaluta rimangono rilevanti. Ogni trader forma il proprio set di strumenti personale che consente di effettuare previsioni più accurate possibili.

Tuttavia, ciò avviene attraverso tentativi ed errori per un lungo periodo di fruttuoso lavoro.

Regolamentazione del mercato delle criptovalute: pro e contro

L'aspetto degli organismi di regolamentazione nel mercato delle criptovalute può influenzare il suo sviluppo fondamentale, quindi ho deciso di condividere la mia opinione su questo tema.

La mia posizione in merito è molto chiara: sono necessari i regolatori nel mercato delle criptovalute. La regolamentazione delle criptovalute è importante per lo sviluppo dell'economia e del settore finanziario. Elenchiamo i motivi principali e ovvi per cui un regolatore è buono:

- Le manipolazioni diminuiranno.
- L'introduzione di regole e l'arrivo di partecipanti professionisti attiveranno una crescita reale del mercato.
- L'anonimato scomparirà (sebbene questo fattore possa essere sia positivo che negativo). Ad oggi, ci sono tre criptovalute che forniscono un autentico anonimato: Zcash, Dash e Monero. In realtà, sono incompatibili con i regolatori, quindi sono probabilmente le prime a soffrire in futuro.

Oltre al brillante compito dei regolatori di proteggere i partecipanti al mercato dalle azioni illegali dei truffatori, possono anche avere un compito vago o insolito per noi: riscuotere le tasse dai partecipanti al mercato.

E ora vorrei evidenziare i miei 4 pro e 4 contro personali sulla regolamentazione del mercato delle criptovalute.

Pro:

1. Aspetto di progetti meritevoli di token.
2. La crescita della capitalizzazione di mercato.
3. Sicurezza dei fondi.
4. La comparsa di scambi di criptovaluta ufficiali regolamentati.

Contro:

1. Truffa di singoli token, creati per raccogliere semplicemente denaro o creare una piramide finanziaria.
2. Innanzitutto gli appassionati di criptovaluta potrebbero lasciare il mercato.
3. Imposizione di un onere fiscale.
4. Minore volatilità del mercato.

Parlando a favore dei regolatori, voglio anche ricordare che non un singolo mercato finanziario ha attirato migliaia di miliardi di dollari fino a quando non è apparso un regolamento su di esso. Inoltre, la regolamentazione del mercato delle criptovalute è un modo per capitalizzare fino a $20 trilioni o più. Suppongo che ciò non accadrà a causa dell'aumento dell'escursione Bitcoin ma grazie alla comparsa di nuovi tipi di criptovaluta.

A proposito, la crescita e lo sviluppo del mercato delle criptovalute avverrà non solo a causa dell'introduzione di regole, ma anche a causa dell'avvio della cosiddetta "cartolarizzazione (securization)." Che cos'è? Significa l'attrazione di finanziamenti per il mercato attraverso la creazione di nuovi strumenti dotati di criptovaluta. In altre parole, un numero illimitato di derivati apparirà sul mercato.

Ad oggi, abbiamo assistito ai primi esempi di cartolarizzazione:

- Contratti Futures.
- Contratti di opzione.
- Strumenti CFD (Contract For Difference) - un accordo stipulato in un contratto futures in base al quale le differenze in un regolamento vengono effettuate tramite pagamenti in contanti.

Il tempo dirà se gli organismi di regolamentazione appariranno o meno nel mercato delle criptovalute. Ma non dimenticare che la criptovaluta stessa è solo una sicurezza. I regolatori creano regole attorno ad essa, mentre i manipolatori diffondono il panico e innescano la caduta del mercato.

Ora dobbiamo prestare attenzione non ai futuri regolatori, ma a quelle organizzazioni che già svolgono in qualche modo le loro funzioni:

- SEC - Commissione statunitense per i valori mobiliari e gli scambi (United States Securities and Exchange Commission - questa organizzazione potrebbe dettare rigorosamente le sue regole sul mercato in futuro).
- JFSA - Regolatore finanziario del Giappone (Japan's financial regulator).

- La Fed - Banca Centrale degli Stati Uniti (United States Central Bank).
- NBK - Banca Popolare della Cina (People's Bank of China).
- BCE - Banca centrale dell'UE (Central Bank of the EU).

Compiti a casa

1) Fai un'analisi fondamentale del mercato delle criptovalute nell'ultimo mese. Trova le notizie più importanti che hanno influenzato le dinamiche generali del mercato.

2) Identifica le notizie false che sono diventate uno strumento per manipolare il mercato delle criptovalute.

CAPITOLO 16. GESTIONE DEL RISCHIO E DEL DENARO

Tutti possiamo ammettere che qualsiasi investimento nella nostra vita è ricco di rischi e maggiore è il profitto atteso, maggiore è il rischio. Temiamo sempre che il denaro investito possa non ripagare del tutto o rimborsare parzialmente senza portare sostanziali profitti.

Anche il trading su uno scambio di criptovaluta è impossibile senza rischi. Se vuoi diventare un trader di successo, devi conoscere non solo le basi dell'analisi tecnica e fondamentale, ma anche quelle della gestione del rischio e del capitale. Pertanto, capiamo perché emergono rischi maggiori e come minimizzarli.

Prima di aprire una posizione, è sempre necessario ricordare che il profitto è proporzionale al rischio. Tutto dipende dalle tattiche del tuo trading. Alcuni sono inclini a fare trading a lungo termine, mentre altri preferiscono negoziare in modo più aggressivo nel corso della giornata. In ogni caso, il rischio non dovrebbe superare il 10% del capitale mensile per le negoziazioni aggressive e il 5% per le negoziazioni a lungo termine.

Il mio consiglio può essere espresso matematicamente:

$P = k1 * R$, dove P è profitto, k1 è un coefficiente dell'esperienza del trader (più professionale è il trader, maggiore è il coefficiente) e R è un rischio.

Fattori che aumentano i rischi di trading

Ora prendiamo in considerazione alcuni fattori che possono aumentare i rischi di trading.

Uno dei motivi per cui la maggior parte dei trader perde il proprio denaro è il fatto che si **preoccupano maggiormente di un punto di accesso e pensano di lasciare la posizione** all'ultimo secondo. È strano in quanto è il giusto punto di uscita che determina il nostro reddito o la nostra perdita. Spesso la maggior parte dei nostri punti di accesso rientra nella zona di redditività, ma perdiamo ancora denaro a causa della mancanza di una corretta strategia di uscita. Ciò accade per due motivi: rimaniamo in una posizione troppo a lungo, in attesa di un aumento ancora maggiore del profitto e, di conseguenza, il prezzo si inverte. Oppure chiudiamo troppo in fretta, temendo di perdere i piccoli profitti che abbiamo ottenuto.

Come evitare un tale rischio? È necessario pianificare un punto di uscita prima di aprire una posizione.

L'assenza di una strategia di trading. I novellini spesso commettono questo errore in quanto non comprendono che fare trading nel mercato delle criptovalute senza un chiaro piano di trading è uguale al suicidio. I trader professionisti, al contrario, adottano un approccio molto equilibrato nell'elaborazione di una strategia di trading, che allo stesso tempo dovrebbe essere abbastanza flessibile da adattarsi a determinate situazioni di mercato. Un fattore importante in questa strategia è la sua chiara attuazione. Se non segui la tua strategia, a che cosa serve?

Abbiamo già discusso delle strategie di trading e puoi trovare maggiori informazioni su come tenere traccia di tutte le tue transazioni nel capitolo *Diario del trader*. Oltre alle note sui punti di entrata e uscita e altri dati tecnici, puoi scrivere in un diario le tue note "psico-emotive" che ti aiuteranno a fare trading con successo.

In effetti, la strategia di trading aiuta anche un trader ad alleviare il disagio emotivo. Non avrai dubbi o preoccupazioni quando prenderai una particolare decisione di trading in quanto l'intero algoritmo di azioni verrà spiegato nella tua strategia, che devi seguire.

Un altro rischio è il **pensiero sbagliato**. Chiamo anche questo rischio "aspettative gonfiate." Alcuni trader arrivano sul mercato delle criptovalute con la chiara convinzione di poter fare soldi qui rapidamente e senza una particolare comprensione del mercato. Ma più tardi, a causa di decisioni sbagliate, queste persone iniziano a perdere il capitale. Per non ripetere il loro errore, non dovresti entrare nel mercato senza averne studiato le peculiarità. Senza la necessaria conoscenza dell'analisi tecnica e fondamentale, il rischio di perdere il capitale aumenta notevolmente. Tuttavia, a mio avviso, il fatto che tu stia tenendo questo libro tra le mani già ti dice che hai un approccio valido verso lo studio del mercato.

Uno dei tratti caratteriali peggiori che aumenta i rischi alle stelle sono le tue **emozioni**. È impossibile spegnerle completamente, ma devi ancora imparare a gestirle. Il panico e la paura, che a volte possono colpirti, porteranno alla devastazione del portafoglio di investimenti. Il tuo trading dovrebbe essere guidato dalla tua logica, non dalle emozioni. Parleremo della psicologia del trading in modo più dettagliato alla fine del libro.

Scelta sbagliata di scambio di monete o criptovalute scambiate. Molti trader non si preoccupano di prestare sufficiente attenzione alla ricerca di buone monete e buoni scambi. Ad esempio, alcuni trader lavorano su Borse con commissioni molto elevate, senza pensare che sarà più efficiente registrarsi su una delle Borse migliori. Inoltre, lavorando in una Borsa poco conosciuta, rischi di entrare a far parte dei ranghi dei non-realizzatori che perdono tutto il loro denaro a causa dei trucchi fraudolenti degli sviluppatori di Borsa. Esamina tutte le sfumature della tua Borsa prima di depositare denaro sul tuo conto di trading. Dovresti essere molto scrupoloso nella scelta di uno scambio.

Pertanto, correggi tutte le sfumature e inizia a muoverti verso il successo prima che i tuoi soldi scompaiano nella "tasca" senza fondo dello scambio.

Gestione finanziaria

Un trader professionista non dovrebbe solo essere in grado di analizzare il mercato e minimizzare i rischi, ma anche di gestire il proprio capitale in modo tale che i profitti superino sempre le perdite. La gestione del capitale comprende una serie di fattori importanti: formazione intelligente del portafoglio di investimenti, stima degli investimenti in una moneta, rapporto corretto tra rischio e profitto, ecc. Pertanto, se ritieni che la scelta della giusta strategia di trading sia molto più importante della capacità di gestire correttamente il tuo capitale, sei sulla cattiva strada. Se vuoi rimanere a lungo nel mondo del trading, dovresti padroneggiare la gestione del capitale.

Quindi, la pietra angolare della gestione del denaro è la capacità di proteggere il capitale disponibile, non di aumentare il profitto. Parliamo ora di una serie di tecniche per una gestione efficiente del capitale.

Determina il rischio ottimale per una posizione

In parole povere, devi decidere quale quantità di denaro sei disposto a sacrificare in questa o quella transazione. Ma come ho detto prima, non consiglio di avere un rischio superiore al 10% in uno scambio. Anche se a volte il mercato si sviluppa in questo modo, dovrai mostrare flessibilità e cambiare questa cifra. Nella maggior parte dei casi, rimani fedele a questa regola.

Diversifica

La diversificazione non è solo un metodo di gestione del capitale; è anche un metodo per proteggere il capitale. Questa regola si basa sul principio "Non mettere tutte le uova nello stesso paniere." Il tuo portafoglio di investimenti non dovrebbe contenere solo Bitcoin o solo Ethereum. È meglio distribuire il capitale tra diverse monete. Tale approccio ti consentirà di rimanere a galla e continuare a fare soldi, anche se una delle tue monete si esaurisce.

Anche se non esiste una risposta unica alla domanda sulla giusta estensione della diversificazione del capitale, ti darò consigli basati sulla mia esperienza personale: non investire più del 30% del tuo capitale in una moneta. Questa regola ti consentirà di proteggerti da investimenti eccessivi in una valuta e di assicurarti che le possibili perdite derivanti da una transazione fallita non ti rovinino, ma siano compensate dai profitti di altre.

Utilizza gli ordini di arresto di protezione

Utilizzando un ordine di arresto, proteggi il tuo capitale da movimenti di prezzo indesiderati. In altre parole, questa tecnica implica una chiara previsione di quanto tempo sei pronto a rimanere in una posizione non redditizia. Tuttavia, non è così facile perché l'indicazione del livello a cui deve essere posizionato l'ordine di arresto è una vera arte. Più il mercato è instabile, più lontano dall'attuale livello dei prezzi dovresti effettuare un ordine stop loss. Allo stesso tempo, dovresti attenerti a un certo saldo, perché se effettui un ordine di arresto troppo vicino al livello dei prezzi, volendo ridurre al minimo le perdite quasi a zero, la tua posizione potrebbe essere eliminata tra fluttuazioni dei prezzi a breve termine (in questo caso è necessario aumentare la percentuale dell'ordine di stop, e di conseguenza quella del profitto). Se effettui un ordine di arresto intorno all'8%, ciò significa che il tuo profitto dovrebbe essere del 30-40%.

Al contrario, se si effettua un ordine di stop troppo lontano dal prezzo corrente, si rischia di perdere molto. Pertanto, l'arte del trading risiede nella capacità di trovare la "giusta via di mezzo".

Vale la pena notare che sul mercato esistono anche le cosiddette **"trailing stops" (ordini di chiusura in stop)**. Questo limitatore segue il prezzo ad una distanza specifica. Si chiama anche un "sliding stop." (arresto scorrevole) Non è fissato ad un certo livello, quindi si sposta prima nella zona di pareggio, quindi nella zona di profitto.

Spieghiamo più in dettaglio come funziona il trailing stop. Supponiamo di aver aperto una posizione sulla coppia di criptovaluta BTC/USDT. Capisci che se il prezzo si inverte di 30 punti, dovrai chiudere la posizione. È a questo livello che si imposta il trailing stop. Se il prezzo inizia a spostarsi verso l'alto di oltre 30 punti, il tuo trailing stop seguirà il prezzo alla distanza specificata. Pertanto, se il trailing stop entra nella zona di redditività e il prezzo si inverte, chiuderai comunque la tua posizione in profitto.

Lo svantaggio di questo tipo di ordine stop-loss è che fluttuazioni di mercato casuali possono eliminarlo se posizionato a breve distanza dal prezzo. Allo stesso tempo, non dimenticare che inizia a funzionare solo quando il prezzo raggiunge un valore di profitto predeterminato e fino a quel momento la tua posizione rimane senza uno stop. Questo è il motivo per cui consiglio di inserire prima lo stop loss. Puoi farlo allo stesso livello del trailing stop.

A proposito, a volte la determinazione del livello per impostare uno stop loss può vietare di aprire una posizione. Ad esempio, durante l'analisi, puoi capire che uno stop loss sarà così lontano dal punto di ingresso che in caso di uno scambio di successo il tuo profitto sarà molto più piccolo, mentre, nel caso di uno scambio negativo, la perdita sarà molto elevata. In questo caso, è meglio abbandonare la transazione.

Devo anche ammettere che molti trader non usano affatto gli ordini stop-loss nel loro trading, ma la loro posizione non è corretta in termini di trading classico come nel caso di un prelievo di una moneta su cui non si voleva riparare una perdita, ti trasformi da trader in investitore a lungo termine. È meglio riparare una piccola perdita piuttosto che aspettare fino a quando il tuo asset non sale dal fondo del drawdown poiché il drawdown può durare a lungo.

Tuttavia, spetta a te decidere se effettuare o meno un ordine di arresto. Se è più comodo per te fare trading senza di esso, allora fallo, ma non dimenticare di controllare le tue perdite in qualche altro modo.

Traccia importanti notizie economiche

È meglio se tutte le tue posizioni sono chiuse, vale a dire che sei fuori dal mercato al momento del rilascio di notizie importanti. Il prezzo può spesso rispondere alle notizie in modo imprevedibile sul mercato "selvaggio" delle criptovalute. Per evitare situazioni impreviste, tieni traccia del calendario degli eventi economici pianificati, il cui risultato non è noto in anticipo.

Rapporto profitti-perdite

Secondo alcune statistiche, il 40% delle transazioni dei trader sono redditizie. Ti chiederai: come fanno a guadagnare se più della metà delle loro transazioni non sono redditizie? E qui arriviamo al problema del rapporto profitti / perdite.

Pertanto, dovremmo determinare il tasso di profitto per ogni transazione, che deve essere bilanciato con potenziali perdite se il mercato si muove in una direzione indesiderata. Di solito, questo rapporto dovrebbe essere 3:1, ovvero il profitto potenziale dovrebbe essere almeno tre volte maggiore della perdita potenziale. Altrimenti, dovresti rinunciare all'affare. Ad esempio, se il rischio è del 10%, il profitto dovrebbe raggiungere almeno il 30%.

Fai trading, usando diverse strategie per una moneta

Abbiamo ripetutamente toccato l'argomento secondo cui a volte i trader perdono il capitale a causa del fatto che chiudono una posizione troppo presto, temendo di non avere il tempo di trarre profitto prima dell'inversione dei prezzi. Come dovresti agire in questo caso? La mia risposta è che puoi provare a fare trading, usando due diverse strategie per una moneta. L'apertura di diverse posizioni è una strategia vantaggiosa per entrambe le parti poiché la negoziazione simultanea di due posizioni può aumentare le possibilità di realizzare un profitto.

Ad esempio, c'è una tendenza al rialzo nel mercato. Apri due posizioni: lasci la prima dopo il primo segnale di una possibile inversione di prezzo, mantenendo la seconda aperta al punto del profitto atteso.

Chi fa trading in modo aggressivo ottiene un grande profitto, ma questo continuerà solo finché il mercato si muoverà nella direzione desiderata. Un trader conservatore non guadagna molto ma non scende neanche troppo in basso.

Ricorda che maggiore è la crescita del prezzo di una moneta in un breve periodo di tempo, minore è la percentuale di capitale che dovresti investire in un affare. Dopotutto, questo indica che una moneta sta "funzionando" e che l'inversione del prezzo è già chiusa. E la situazione opposta: più un valore di una moneta scende, più è necessario trovare i giusti punti di accesso ad essa. Ma non dimenticare che stiamo parlando solo delle top coins. Non prendo in considerazione le shitcoin.

Come superare il drawdown

Dato che nel 2018 è iniziata una tendenza al ribasso molto dinamica e prolungata nel mercato delle criptovalute, molti trader si sono trovati in una situazione non molto piacevole chiamata *drawdown*. Che cos 'è il drawdown e come affrontarlo?

Il drawdown è l'importo di cui diminuisce il deposito di trading. A volte l'entità del drawdown può persino raggiungere il valore del deposito stesso. Questa magnitudo dovrebbe essere misurata come percentuale della dimensione del tuo portafoglio di investimenti, perché non importa quanto sia in USD o EUR, è importante quale percentuale del tuo deposito "abbia toccato il fondo." Devi accettare che c'è una differenza nel drawdown di $5.000 con un deposito di $10.000 e lo stesso prelievo di $5.000 con un deposito di $100.000.

Perché i trader che sono entrati in un drawdown sono chiamati investitori a lungo termine? Perché le loro posizioni su una particolare moneta rimangono aperte. Pertanto, le loro transazioni sono in uno stato fluttuante e possono sia diminuire che aumentare.

Ma c'è anche un drawdown fisso quando un trader ha chiuso tutte le posizioni perdenti in rosso.

Come superare entrambi i tipi di drawdown? Ci sono due modi: abile gestione del denaro con posizioni esistenti e apertura di nuove.

La cosa più difficile è superare un drawdown fisso, poiché la perdita è visibile non solo sul monitor del computer, ma lo senti in tasca, nei numeri reali del portafoglio di investimenti. Esistono due modi per risolvere il problema: aggressivo e conservatore. La **soluzione aggressiva** significa che dovresti aprire una posizione a doppio volume. Cioè, apri una nuova posizione a doppio volume per ogni posizione non redditizia. Se risulta essere redditizio, andrai in pareggio; ma se non è redditizio, cadrai anche più in basso.

Coloro che considerano rischioso un approccio aggressivo possono utilizzare un'opzione più rilassata: la **media di una posizione**. Per superare il drawdown, devi costruire la posizione non redditizia. Si può dire che sfida il buon senso, ma in ogni caso aiuta a far fronte al drawdown, poiché si calcola la media di un prezzo in moneta al quale si è aperta una posizione in perdita, rendendola più redditizia.

Citerò un esempio. Supponiamo di aver acquistato 1.000 Litecoin a $100 per una moneta. Tuttavia, la tua previsione positiva non ha funzionato e il prezzo ha iniziato a scendere e si è fermato a circa $70. Devi acquistare altre 1.000 monete ad un nuovo prezzo di $70. Pertanto, avrai 2000 monete al prezzo di $85 per una moneta (100 + 70) / 2 = 85). Se il prezzo di questa moneta sale di nuovo, avrai molte monete a un prezzo di acquisto redditizio.

In una parola, non puoi fare trading senza rischi, il che significa errori. Chi non commette errori non fa nulla (o è un illuso). Sono sicuro che non esiste un trader in questo mondo, che non ha corso dei rischi e non ha commesso errori. Gli errori ci vengono dati per imparare da essi. Questo libro è stato anche creato, tra le altre cose, per mostrarti dove sono nascosti tutti i "rastrelli" e insegnarti a evitarli o almeno a minimizzare il numero di bernoccoli sulla fronte.

CAPITOLO 17. DIARIO DEL TRADER

La disciplina non è meno importante per un trader di successo dell'analisi tecnica e fondamentale, della strategia di trading o della gestione del rischio. I trader spesso perdono il loro capitale perché non sanno come controllare le proprie emozioni. È l'emotività che può rovinare i tuoi affari. È difficile imparare a controllarla, specialmente quando ti rendi conto che la tua previsione non colpirà l'obiettivo e il prezzo va nella direzione opposta. A questo punto, è molto probabile che tu prenda decisioni impulsive.

Tuttavia, c'è luce alla fine del tunnel. Il diario di un trader ti aiuterà a rimanere disciplinato e non soccombere alle tue emozioni. È un attributo essenziale di un trader di successo. Dovresti scrivere tutte le informazioni sulle posizioni aperte in questo diario. In questo modo, sarai in grado di analizzare l'esperienza acquisita e trarre le conclusioni necessarie.

Alcuni trader sottostimano la necessità di tenere un diario, sostenendo di avere in testa tutte le informazioni sui loro affari. Tuttavia, tale posizione è il primo passo verso le perdite. Un diario ti aiuta ad analizzare tutte le transazioni e, quindi, ti aiuta ad imparare dai tuoi errori. Quei trader, che non analizzano e non imparano dai loro errori, li ripeteranno in futuro.

Il diario di un trader può aiutare ad analizzare ogni posizione, i motivi della sua apertura, ecc. Allo stesso tempo, grazie al diario, sarai protetto dalle decisioni spontanee in quanto puoi guardare nel diario e ricordare perché hai aperto questa o quella posizione e quando dovrebbe essere chiusa.

Non esiste uno standard o modello definito per il diario di un trader. Puoi tenerlo in qualsiasi forma a te conveniente. La cosa principale è che dovrebbe contenere le informazioni su tutte le tue posizioni. Scrivi le note relative a ciascuna posizione: qual è stato un segnale per la sua apertura, il prezzo di entrata e l'uscita prevista. Allo stesso tempo, durante ogni transazione, descrivi i tuoi sentimenti, ipotesi e altre note che conterranno valutazioni emotive, non numeri. Successivamente, tutti questi appunti ti aiuteranno a ricordare la sequenza di azioni di una transazione di successo che vorrai ripetere, nonché l'algoritmo di uno scambio in perdita, che deve essere evitato.

Anche se non esiste un modello di diario del trader chiaro, come ho detto prima, posso mostrarti il mio esempio di questo registro delle transazioni. Se lo trovi utile, puoi utilizzarlo per il tuo trading.

Link al diario - http://bit.ly/alans-trade-diary

Immaginiamo di fare il primo affare e iniziare a tenere il diario di questo trader. Ad esempio, apri un grafico Bitcoin e noti un movimento fiducioso dei prezzi verso l'alto. Lo scriviamo nella prima cella della tabella. Quindi indichiamo la forza del movimento del prezzo delle monete. Nella cella successiva denominata "Commento", descriviamo le nostre azioni, ad esempio "Acquista solo" o "Cerca punti take profit." Successivamente, descriviamo la direzione e la forza degli oscillatori. Quindi inseriamo tutti i dati dell'analisi tecnica: candele giapponesi, livelli di resistenza e supporto, linee Fibonacci. Quindi, vai alla notizia. Se conosci alcune notizie sulla moneta acquisita, scrivile nella tabella. Infine, lascia un commento sulle notizie e, naturalmente, il risultato è se dovremmo comprare o vendere la moneta.

Secondo questo principio, annoti tutti i dati per ogni periodo di tempo: settimana, giorno, 4 ore e 1 ora.

E c'è un'altra tabella in cui fornisco un esempio di come inserire i dati sulle monete acquistate. È nello stesso file sotto la prima tabella.

Se tenere un tabella non è una versione del diario adatta a te, puoi prendere un normale quaderno per annotare tutte le informazioni sui tuoi scambi: punti di entrata e di uscita, commenti su di essi e conclusioni (perché ottieni un risultato particolare).

Indipendentemente da ciò che utilizzi - tabella o taccuino - lascia commenti abbondanti su ogni scambio. Perché questo è importante? Innanzitutto, mentre descrivi le tue azioni, troverai più risposte a varie domande. In secondo luogo, è possibile visualizzare e analizzare una specifica sequenza di azioni che hanno portato a una decisione giusta o sbagliata.

In generale, il diario di un trader ti aiuterà non solo a tenere traccia degli scambi, ma anche a vedere i tuoi punti deboli e ad applicare quelli forti. Un diario ti aiuterà a capire se la tua strategia di trading funziona bene o no.

Come organizzare la tua giornata di lavoro

Per raggiungere le massime prestazioni, un trader deve organizzare correttamente la propria giornata lavorativa. L'errata organizzazione dell'orario di lavoro può comportare perdite nelle transazioni. Pertanto, impariamo come organizzare correttamente il flusso di lavoro.

Poiché gli scambi di criptovaluta operano tutto il giorno, puoi scegliere in qualsiasi momento conveniente di controllare le tue posizioni aperte. A volte anche una sola notizia può influenzare il movimento dei prezzi delle monete, quindi è necessario controllare la situazione del mercato, in particolare le offerte, ogni giorno. Successivamente, raccomando di dedicare 1-2 ore allo studio delle monete che possono essere interessanti per il trading. Alcuni usano l'analisi tecnica per tali scopi, altri ricorrono all'analisi fondamentale, ma indipendentemente dal percorso scelto, il risultato dovrebbe essere lo stesso: apertura di posizioni interessanti. Inoltre, ti consiglio di prendere appunti riguardo a quali punti dovresti prestare attenzione il giorno successivo.

Tuttavia, non ti consiglio di seguire i grafici troppo spesso. Non è necessario andare su Tradingview ogni ora e controllare le previsioni. Un tale monitoraggio convulso e nervoso del prezzo può portare a errori e, inoltre, ti consumerà rapidamente. Non trasformare la tua offerta aperta in una mania di monitoraggio dei prezzi. Per evitare questa situazione, prova a scegliere grandi intervalli di tempo (4H o 1D). A tali intervalli di tempo, la tua previsione richiederà più tempo per raggiungere l'obiettivo.

Sta a te decidere quante ore al giorno dedicherai al trading. Se preferisci lo scalping, avrai bisogno di molto tempo per il trading (anche se puoi ridurre questo tempo usando il trading algoritmico), ma se non vuoi dedicarti completamente a questa professione - nessun problema, puoi scambiare per no più di 2 ore al giorno. Puoi risolvere tutti i principali problemi di trading in poche ore e goderti la vita per il resto del tempo.

Ecco perché l'organizzazione corretta e semplice di una giornata lavorativa può far risparmiare tempo e aiutare a evitare decisioni emotive e perdite finanziarie indesiderate.

CAPITOLO 18 PSICOLOGIA DEL TRADING

Noi tutti capiamo che le emozioni sono parte integrante di una persona. È chiaro che non possiamo metterle in pausa durante una situazione inaspettata nel mercato delle criptovalute, ma possiamo imparare a controllarle. Almeno vale la pena provare perché le emozioni sono una componente garantita del tuo fallimento nel trading di criptovaluta. Il tuo stato psicologico al momento del trading può influire sul tuo account. Devi conoscere il nemico a vista, quindi dovresti essere in grado di identificare le emozioni non necessarie e stroncarle sul nascere perché in seguito sarà difficile mantenere la mente fresca durante un'inversione di prezzo imprevista.

Accetta che non puoi controllare il comportamento del mercato, ma puoi imparare a controllare il tuo atteggiamento nei suoi confronti, le tue emozioni.

Il trading, come qualsiasi altra professione, ti richiede tutta una serie di determinate qualità psicologiche. Queste qualità non devono essere innate, puoi acquisirle.

Quindi quali qualità dovrebbero possedere i trader per avere successo?

Il primo e il più importante è l'intelletto. Il **QI** di un trader di successo non può essere inferiore alla media. Si potrebbero inventare molti strumenti sofisticati per semplificare il trading, ad esempio i robot di trading. Tuttavia, è impossibile operare senza le tue capacità mentali. Anche i robot di trading più all'avanguardia non sanno adattarsi in modo indipendente ad una determinata situazione del mercato.

Allo stesso tempo, un **trader dovrebbe avere una mentalità analitica** poiché il trading non riguarda le transazioni "buy-sell", ma l'analisi del modo e del momento in cui eseguire una determinata transazione.

L '**autodisciplina** è un'altra caratteristica importante di un trader di successo, di cui abbiamo già discusso. Otterrai un risultato redditizio stabile solo se ti attieni alla tua strategia di trading e non prendi decisioni di trading impulsive.

Intuizione e pazienza. Un trader di successo tratta i fallimenti a breve termine non come una punizione divina ma come una tappa temporanea sulla strada del successo. La pazienza aiuta ad aumentare il tuo capitale lentamente ma costantemente.

Potere del pensiero e affermazioni

Quanto sono potenti i nostri pensieri? C'è una possibilità di trasformazione assoluta dei pensieri in eventi reali? Ne sono CERTO! Naturalmente, gli scettici diranno che è una sciocchezza e i nostri pensieri sono solo un volo della nostra immaginazione. Tuttavia, credo che ogni pensiero proietti il nostro presente e il nostro futuro. I pensieri non sono il risultato di eventi, ma il primo strumento per creare questi eventi. I pensieri volano via nello spazio delle opzioni, ma supportati dalla forza della nostra fede (o persino paura) ritornano con il risultato che ci aspettiamo e non necessariamente quello che vogliamo. Quindi, hai paura di qualcosa = aspetta e ricevi; con fiducia vai all'obiettivo e hai una forte fede = vuoi e ricevi. La fede non è solo una fluttuazione dell'aria, è l'energia. Non puoi vederlo o ascoltarlo, ma funziona!

La Bibbia dice che se abbiamo fede almeno delle dimensioni di un granello di senape e diciamo a una montagna, "Spostati da qui a lì", la montagna si sposterà. Uno dei miei autori preferiti scrive anche "La fantasia non esiste in quanto tale. Ogni finzione è già una realtà", e anche "I tuoi pensieri ti ritornano sempre come un boomerang."

Otteniamo ciò che scegliamo! La nostra libertà sta nella nostra libertà di scelta. E facciamo questa scelta nei nostri pensieri ...

Pertanto, per quanto strano possa sembrare, credo che le persone possano controllare la loro realtà. Un pensiero fiducioso di ottenere il risultato desiderato avvicina il tuo obiettivo e viceversa: il pensiero negativo senza dubbio lo spinge via. L'universo percepisce il dubbio come una negazione. Se dubiti, allora gridi all'Universo: "Non ci riuscirò!" La risposta è quasi immediata: non si riesce in nulla.

Potresti chiederti perché ti ho lasciato entrare nelle stanze segrete della mia visione del mondo e che impatto ha sul trading. Ha un orientamento diretto! Un trader che crede in un risultato positivo può avere successo. Dal momento in cui apri una posizione fino al momento in cui incassi il profitto, non dovresti essere ambivalente sulla tua scelta, pensando che le tue previsioni potranno andare sprecate e che ridurrai l'intero deposito.

Pensa solo a quali pensieri mandi nello spazio mentre apri una posizione. Se metti più dubbi che fiducia nelle tue offerte, maggiori sono le probabilità di ottenere un risultato negativo.

Come diventare più fiducioso per aprire una posizione con i pensieri giusti? Ci sono molte opzioni, ma se parliamo di psicologia, una di queste è il training autogeno. Sembra difficile, ma è facile da usare. Il miglior esempio di questo training è una ragazza che si trova la mattina di fronte a uno specchio e si ripete come un incantesimo: "Sono bella e felice!"

È una specie di training psicologico. Se provoca scetticismo o addirittura risate, allora sappi che molti atleti usano spesso questo tipo di training per prepararsi alle competizioni. Questo metodo aumenta la loro fiducia nella vittoria. L'essenza del training è la ripetizione di alcune affermazioni. Dichiara il risultato desiderato non nel tempo futuro, ma nel presente come se lo avessi già ottenuto. Se stai lottando con la timidezza, non dovresti ripetere "Voglio essere fiducioso", ma l'affermazione "Sono sicuro di me stesso." Quindi, inganni la tua mente, facendole credere che il tuo desiderio sia un fatto compiuto.

Perché un trader ha bisogno di training autogeno?

La maggior parte dei neofiti commette i maggiori errori nel trading a causa della paura. È la paura di perdere capitale. E il paradosso è che meno soldi hai, più paura hai. Puoi dire di no alla paura, anche con l'aiuto del training autogeno. Cerca di convincere la tua mente che non hai nulla da temere. La tua affermazione può sembrare "Faccio affari vantaggiosi" o scegli per te qualsiasi affermazione simile.

Voglio avvertirti che non ti incoraggio a fare trading solo sulla base dei pensieri giusti, della fede irremovibile e delle affermazioni psicologiche. Ognuno di voi dovrebbe capire che prima arriva la conoscenza teorica (analisi tecnica, analisi fondamentale), e poi tutto è supportato dal giusto modo di pensare. Il trading è un business serio che richiede una profonda conoscenza ed esperienza, non solo speranze di buona fortuna.

CONCLUSIONE

Caro lettore, non sono uno di quegli scrittori che delinea il proprio contenuto senza preoccuparsi se rimarrà nella mente dei lettori e se saranno in grado di trarne vantaggio. Allo stesso tempo, capisco che tutti voi siete diversi. Alcuni troveranno questo libro una scienza complicata sull'incomprensibile fenomeno chiamato "trading". È anche possibile che alcune persone abbiano già una certa esperienza in questo campo e, pertanto, il libro non è utile per loro. In ogni caso, ho grandi speranze che ognuno di voi sia in grado di raccogliere informazioni utili poiché il mio libro non è solo teoria dell'analisi tecnica o fondamentale, gestione del capitale e del rischio, include anche i miei argomenti, la mia esperienza ed i miei grafici personali che parlano meglio di qualsiasi parola.

Allo stesso tempo, voglio darti le ultime istruzioni sul percorso delle tue transazioni riuscite (e credo che ne avrai più che a sufficienza).

Prima di tutto, non dimenticare che il **trading di criptovaluta è pieno di paradossi**. La curva di ricerca qui non è lineare ma, al contrario, è un labirinto in cui puoi perderti. A causa del fatto che il mercato delle criptovalute è giovane, selvaggio e imprevedibile, non esistono approcci e strategie di trading identici standard. Pertanto, tu, come questo mercato, dovresti essere un po' fuori dal comune nel tuo modo di pensare, flessibile ed essere in grado di adattarti ad ogni situazione del mercato.

Nonostante il fatto che, grazie al mio libro, hai acquisito una grande quantità di conoscenze per comprendere il trading di criptovaluta, non dimenticare che questo "mestiere" non può essere padroneggiato attraverso i libri. Il trading non riguarda la teoria, si tratta di pratica. Per ottenere un buon risultato, leggi la letteratura del trading aggiuntiva, ma, soprattutto, fai i tuoi primi affari in parallelo con la formazione. Inizia con un importo minimo. Non ti porterà un grande profitto, ma ti darà l'esperienza necessaria per muoverti nella giusta direzione.

Comprendendo l'importanza della pratica, ho incluso i compiti nel mio libro. Se hai fatto i compiti dopo ogni capitolo del libro, hai dovuto sbarazzarti della paura del grafico dei prezzi "vuoto" e ora sai cosa farne.

L'esperienza è importante nel trading come in molti altri settori. Ma cosa dovresti fare se sei un principiante assoluto in questo campo? Se hai paura di fare affari, se non sei sicuro delle tue previsioni e hai paura del tuo portafoglio di investimenti, i prossimi paragrafi sono per te. Sì, amici, c'è sempre una via d'uscita. Questo modo si chiama *account demo (conto demo)*.

Un conto demo funge da pass per la maggior parte dei neofiti, dando loro il diritto di iniziare a fare trading senza spendere soldi veri. Alcuni trader decidono di aprire transazioni reali sullo scambio dopo aver raggiunto un profitto stabile su un conto demo. Questa è una strategia vincente.

Molti neofiti si affrettano a negoziare fino in fondo. Non appena si abituano all'interfaccia della piattaforma Tradingview e ad una sorta di scambio, aprono conti reali e provano a fare trading. Nella maggior parte dei casi, il risultato di tali tentativi non ha esito positivo. Molti perdono interesse nel trading in questa fase, sono frustrati e si dedicano ad altre attività, dicendo a tutti che "la criptovaluta è una truffa."

Ma come potrebbe essere altrimenti, se ieri questo novellino non aveva idea di quale fosse l'analisi tecnica, e oggi sta cercando di convincersi che un diagramma a triangolo appare sul grafico? Ecco perché consiglio a tutti i neofiti di passare una sorta di "esame" su un conto demo prima di iniziare a fare trading su conti reali (specialmente durante un mercato in calo e imprevedibile). Un nuovo arrivato dovrebbe ottenere risultati di trading positivi stabili su un conto demo per almeno un mese (se stiamo parlando di trading infragiornaliero o di medio termine). Per le strategie a lungo termine, ci vorrà ancora più tempo per prepararsi. Ti assicuro che questa volta il tempo non sarà sprecato, perché durante questo periodo puoi anche testare la tua strategia di trading in tempo reale.

Ti racconterò la mia storia personale. Quando mia moglie (giornalista di formazione) ha iniziato a dominare il trading, la comprensione della teoria era molto più facile per lei che premere un pulsante sullo scambio. Stava creando previsioni sulla piattaforma Tradingview da molto tempo, ma non osava fare il suo primo ordine. Volevo supportarla, ma allo stesso tempo ho capito che non avrei dovuto metterla sotto pressione. Tutto doveva seguire il suo corso. Pertanto, le ho raccomandato di aprire la sua prima offerta su un conto demo. Il trading su un conto demo virtuale l'ha aiutata a ottenere l'esperienza iniziale necessaria, assicurarsi che le sue previsioni fossero corrette e ad avere fiducia quando ha piazzato il suo primo vero ordine su uno scambio di criptovaluta.

Sono sicuro che un'idea ti è balenata in mente: questo esempio non è razionale in quanto suo marito - un abile trader professionista - era accanto a questa donna. Sì, sono d'accordo, è molto più facile passare attraverso tutte le fasi degli studi di trading con un buon insegnante vicino. Tuttavia, come bravo insegnante, non ho mai imposto il mio sistema di trading personale nella testa di mia moglie, perché so che è inutile. Il mio compito era semplice: salvarla dal commettere grossi errori e condividere la mia vasta esperienza con lei. Tuttavia, ho fatto lo stesso per te nel mio libro. Dopo averlo letto e sentito parlare della mia esperienza, devi attraversare da solo tutte le fasi del trading, sviluppare la tua comprensione del mercato, perché accumulerai o perderai il tuo capitale, non il mio.

All'inizio, può sembrarti che tutto sia semplice. Ma sai una cosa? Non è così che funziona. Tutto è molto più difficile e più semplice allo stesso tempo. Arriva il rullo di tamburi: **non esiste un segreto già pronto per il successo nel trading**. Che sfortuna, amici: ci sono molte insidie nel trading ma nessuna ricetta pronta per il successo :) Ma puoi provare a creare la tua ricetta.

C'è un'arte di un trader professionista: ottenere la percentuale in nero, aumentando il valore atteso positivo delle tue transazioni. Solo una mente sobria e chiara porterà un trader di criptovaluta al successo. La capacità di vedere i pro dove gli altri vedono i contro. La capacità di guadagnare ovunque un trader sia soddisfatto del rapporto profitto/rischio. Ma non dimenticare mai una regola finanziaria: il **mondo del denaro non tollera le teste dure**.

Se eri felice di aver compreso le basi dell'analisi tecnica e ti sei preparato a fare trading solo con l'aiuto dei grafici, allora ti sbagli. Fare trading solo con analisi tecniche è come correre su una gamba sola.

Non ti consiglio assolutamente di non guardare i grafici. Allo stesso tempo, ti chiedo di non dimenticare la necessità di analizzare la profondità del mercato, di studiare la psicologia della folla e la psicologia dei grandi giocatori. Se, ad esempio, vedi il modello a Triangolo sul grafico dei prezzi, assicurati di rispondere alle seguenti domande prima di entrare in uno scambio: cosa vuole la folla ora e cosa vuole il grande giocatore. Continuare a fare analisi tecniche in combinazione con le risposte a queste domande.

Se la tua moneta mostra un prelievo del 10%, 20% o 30%, dovresti essere veloce a venderla o no? Forse qualcuno sta cercando di intimidirti? Forse, i grandi giocatori ottengono un punto d'appoggio grazie agli allarmisti come te? Cerca di non guardare il mercato come attraverso una finestra stretta. Alzati dalla sedia e guarda il mercato dall'alto. Se i grandi giocatori hanno abbassato il prezzo così tanto e hanno acquistato il 50% delle monete sul mercato, allora ha senso per loro abbassare il prezzo anche di un altro 50%? Credo di no.

Durante l'analisi tecnica, osserva le seguenti regole nella stessa sequenza:

- Individua livelli e linee significativi per raggiungere le zone, vicino alle quali il prezzo si "sposterà" e dove, di conseguenza, cercherai i segnali.
- Cerca modelli di candlestick.
- Scegli solo segnali di alta qualità. A volte è necessario attendere un candlestick di conferma per capire se un segnale è di alta qualità o meno.
- Segui gli schemi grafici: guarda il grafico da diversi lati e fai attenzione: forse non hai notato qualcosa, aggiungi indicatori e oscillatori, rileva divergenze.
- Identifica punti di entrata e di uscita.
- E solo allora effettua ordini in sospeso.

Ricorda che ci sono tre opzioni per gli sviluppi sul mercato:

- Acquistare.
- Vendere.

- Non eseguire alcuna operazione.

Se non capisci cosa dovresti fare in una situazione particolare (specialmente durante un drawdown), allora aspetta. È meglio non guadagnare soldi che perdere le monete per il piacere dei grandi giocatori. Pertanto, non fare nulla non è sempre l'opzione peggiore. È meglio non fare altro che commettere molti errori.

Pertanto, prima di fare un affare, pensa attentamente e non effettuare un ordine se non sei sicuro di un punto di ingresso. Se un segnale ricevuto nel processo di analisi tecnica non è qualitativo (forte), non aprire una posizione in quanto è meglio effettuare un numero inferiore di transazioni con un rischio inferiore rispetto a molte transazioni, la maggior parte delle quali saranno non redditizie. Se noti che hai perso un buon punto di ingresso, non entrare; non cercare di prendere un treno, che è già partito.

Lavora sempre sulla tua strategia di trading, migliorala, ma non applicarla per ogni moneta come un assioma irremovibile. La tua strategia di trading dovrebbe avere una regola chiara e invariata: è necessario determinare i punti di entrata e di uscita prima di aprire una posizione.

Per quanto riguarda il capitale iniziale per il trading, le sue dimensioni non contano molto, perché la cosa principale è ciò che il mercato richiede per un lavoro di successo: non la quantità di denaro con cui si entra, ma la capacità di migliorare costantemente te stesso nella comprensione del meccanismi del mercato e degli interessi dei suoi partecipanti.

In una parola, il mercato delle criptovalute ora attira la maggior parte delle persone perché è aperto ai neofiti e offre grandi prospettive.

Anche durante un lungo drawdown, tutti i trader professionisti sanno che prima o poi la tendenza al ribasso finirà, e solo i professionisti delle criptovalute più intelligenti e più dedicati rimarranno in gioco al momento dell'inizio di un nuovo trend rialzista. Ecco perché lo studio del trading di criptovaluta è molto utile. Non mollare, perché **tutti hanno pari opportunità in questo mercato**. Il successo dipende dai tuoi sforzi personali e dal tuo potenziale. Se stai ancora aspettando dei miracoli, posso dirti: non ce ne saranno :)

Fai il duro lavoro necessario per essere un passo avanti!

Ti auguro molti profitti e a presto :)

GLOSSARIO DEI TERMINI DI CRIPTOVALUTA

La ***criptovaluta*** è denaro digitale creato su determinati algoritmi utilizzando la crittografia. La parola "cryptos" significa "segreto" in greco, da cui il nome di moneta digitale. Una criptovaluta è difficile da contraffare a causa di questa caratteristica di sicurezza. È anche caratterizzato da udibilità, il che significa che le transazioni di criptovaluta sono pubblicamente disponibili per la verifica. La criptovaluta è decentralizzata (indipendentemente da ogni singolo computer). La criptovaluta ha un creatore (un programmatore ha scritto il codice) ma non ha un proprietario, che potrebbe togliere tutto da chiunque, svalutarlo forzatamente o vietarne l'uso.

Satoshi è la più piccola unità indivisibile di Bitcoin. Prende il nome da Satoshi Nakamoto, il creatore dei Bitcoin. Un Bitcoin contiene cento milioni di Satoshi, quindi è un centomilionesimo di un singolo Bitcoin (0,00000001 *BTC*).

Altcoin è una criptovaluta alternativa. Dopo che il Bitcoin ha guadagnato popolarità, nuove monete sono apparse in abbondanza. La maggior parte di esse è scomparsa tanto silenziosamente quanto è emersa, ma alcune hanno guadagnato una certa popolarità.

Il ***Mining*** è un processo di utilizzo di un computer, una farm, ASIC per il mining di criptovaluta. In effetti, un computer consuma elettricità e usa le sue capacità di calcolo per trovare la sequenza di codice necessaria, ovvero risolve problemi matematici. Il mining può essere definito una "printing press (macchina da stampa)" poiché la criptovaluta può essere scambiata con "denaro fiat" o merci.

Il ***Miner*** è una persona impegnata nell'estrazione di criptovaluta utilizzando tutti i mezzi possibili per eseguire le operazioni di elaborazione necessarie. Personal computer, laptop e smartphone sono adatti a questo scopo (anche se gli smartphone sono estremamente esposti al rischio di surriscaldamento e guasti, quindi ora sono inefficaci). La redditività del mining di criptovaluta in casa tende a essere inefficace, quindi i minatori avanzati sono diventati farmers e hanno minato la criptovaluta utilizzando attrezzature specializzate - farm e ASIC.

ASIC è un circuito integrato specifico dell'applicazione. Ciò significa che ASIC può essere utilizzato per un'attività specifica o una gamma ristretta di attività. Applicati al mining di criptovaluta, gli ASIC sono personalizzati per funzionare con una serie di algoritmi, che aumentano la loro efficienza rispetto ai personal computer, ma solo in un'area ristretta: il mining di criptovaluta.

Farm è l'attrezzatura destinata al mining di criptovaluta. La produttività della farm varia in base all'ottimizzazione hardware e software, ma tutte le farm sono caratterizzate da un elevato consumo di energia e un'elevata dissipazione del calore, pertanto devono essere raffreddate.

Il ***cloud mining*** è un meccanismo quando viene offerto ad un investitore di acquistare potenza di calcolo per il mining di criptovaluta. Il processo di mining avviene automaticamente, senza la tua partecipazione. È popolare a causa dell'elevato costo delle apparecchiature di mining e dell'aumento della complessità della rete.

Il ***mining di PoS (proof of stake)*** è l'estrazione di criptovaluta memorizzandone una certa quantità nel portafoglio. Ad esempio, se hai un certo numero di monete di criptovaluta memorizzate nel tuo portafoglio, riceverai monete aggiuntive per l'archiviazione.

Masternode *(proof of stake)* è una tecnologia che può essere acquistata dagli sviluppatori di criptovaluta per aumentare la redditività del mining PoS.

Il ***pool*** è un servizio presentato da un sito Web su Internet che viene contemporaneamente utilizzato da un gran numero di miners per estrarre criptovaluta. Un pool può essere sia specializzato (i suoi membri estraggono la stessa criptovaluta) sia diversificato (i suoi membri estraggono diversi tipi di criptovaluta). Il pool consente ai partecipanti di non preoccuparsi dell'archiviazione della criptovaluta che hanno acquisito, anche se ci sono stati casi in cui i pool hanno ingannato i minatori per privarli dei soldi. Pertanto, i vecchi pool popolari considerati affidabili e onesti sono di particolare valore.

La ***complessità della rete*** è un parametro che riduce la probabilità di trovare il pezzo giusto di un codice a determinati intervalli di tempo. In quel momento, i miner affermano che "la complessità della rete è aumentata." In altre parole, meno Bitcoin verrà estratto domani rispetto a ieri, se le capacità tecniche non cambieranno. Ecco perché le capacità tecniche sono in costante aumento e miglioramento man mano che le apparecchiature diventano obsolete nel giro di pochi mesi.

L'*indirizzo Bitcoin* è una combinazione unica di lettere latine maiuscole e minuscole e numeri di 34 caratteri o meno. La maggior parte degli indirizzi Bitcoin sono composti da 34 o 33 caratteri, ma possono contenere meno di 30 caratteri. Ciò è spiegato dalla presenza di zeri all'inizio dell'indirizzo: se gli zeri vengono omessi, l'indirizzo "breve" rimane. Ogni indirizzo Bitcoin è unico. È scritto in blockchain e quindi la creazione di due indirizzi identici è impossibile.

Il *portafoglio Bitcoin* è un software o un sito Web installato su un computer o uno smartphone che consente di archiviare chiavi ed eseguire operazioni di invio, archiviazione e ricezione di Bitcoin. In realtà, un portafoglio non memorizza Bitcoin, contiene solo chiavi per accedere ad alcuni Bitcoin nella rete generale. Tuttavia, la perdita di un portafoglio porta alla perdita di chiavi, il che rende inaccessibile il Bitcoin collegato a queste chiavi.

La *transazione* è il trasferimento di valuta da un portafoglio a un altro.

Pending (in sospeso) è una transazione incompiuta in corso.

Fork è una criptovaluta che è apparsa in seguito, un analogo parziale del suo predecessore.

ICO è il rilascio di criptovaluta in Borsa.

I *token* sono criptovaluta prima del rilascio di ICO.

Il *crowdsale* è l'acquisto principale di futuri token di criptovaluta prima di ICO.

I *Bulls* (tori) sono operatori del mercato azionario che acquistano beni a basso costo e li vendono al prezzo di punta. Pertanto, speculano solo per un aumento.

I *Bears* (orsi) sono trader che speculano per una caduta, spesso deliberatamente abbassando il prezzo fino al punto più basso.

Il *Pump* è l'acquisto intenzionale di attività in grandi quantità, finalizzato all'aumento artificiale a breve termine dei prezzi.

Il *Dump* è la vendita intenzionale di attività in grandi quantità, finalizzata al calo artificiale dei prezzi a breve termine.

Il *Money Hold* è una limitazione all'uso, al deposito o al prelievo di fondi in borsa.

L'*ordine* è un'offerta effettuata per acquistare o vendere una determinata quantità di criptovaluta.

La *profondità del mercato* è la quantità degli ordini di acquisto e vendita di criptovaluta più vicini.

Swing sono dei picchi a breve termine in una piccola fascia di prezzo.

Il *picco* è il prezzo più alto in un determinato periodo di tempo, seguito da un calo.

Fiat è una parola gergale usata dai broker per qualsiasi valuta ad eccezione di criptovaluta.

RIGUARDO L'AUTORE

Alan T. Norman è un hacker orgoglioso, esperto ed etico della città di San Francisco. Dopo aver conseguito un Bachelor of Science presso la Stanford University. Alan ora lavora per un'azienda di tecnologia informatica di medie dimensioni nel cuore di SFC. Aspira a lavorare per il governo degli Stati Uniti come hacker per la sicurezza, ma adora anche insegnare agli altri il futuro della tecnologia. Alan crede fermamente che il futuro dipenderà fortemente dai "fanatici" dei computer sia per la sicurezza che per i successi delle aziende e dei lavori futuri. Nel suo tempo libero, adora analizzare e controllare tutto sul gioco del basket.

LIBRO BONUS BALENE BITCOIN

Trova il link al libro bonus qui sotto

Link al libro: http://bit.ly/2LprwpV

ALTRI LIBRI DELLO STESSO AUTORE:

Come Gestire i Bitcoin - Per Principianti

https://geni.us/bitcoin-it

Bibbia per investimenti in criptovaluta

Tutto sulla tecnologia Blockchain

https://geni.us/blockchain-it

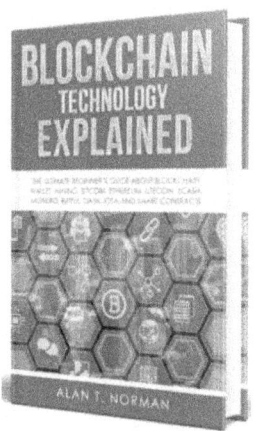

Hacking: Guida per principianti di Computer Hacking

Hacking: come creare il tuo Keylogger nel linguaggio di programmazione C ++

HACKED: Kali Linux e Wireless Hacking Ultimate Guide

Un'ultima cosa...

Ti è piaciuto il libro?

Se così, allora fammelo sapere lasciando una recensione su AMAZON! Le recensioni sono la linfa vitale di autori indipendenti. Gradirei anche qualche parola e una valutazione se ne hai il tempo.

Se non ti è piaciuto questo libro, allora dimmelo! Mandami una email a alannormanit@gmail.com e fammi sapere cosa non ti è piaciuto! Forse posso cambiarlo. Nel mondo di oggi un libro non deve essere stagnante, può migliorare con il tempo e il feedback di lettori come te. Puoi avere un impatto su questo libro e accolgo con favore il tuo feedback. Aiuta a rendere questo libro migliore per tutti!